性慾倒錯 × 種族對立 × 價值感低落 × 性暴力謬論
想要建立完美的社會，卻差點毀掉整個產業！

凝視深淵 著

這不是隨機的惡意

目標型殺手

接近中　CATCH YOU

樂律

羅素・威廉斯	約瑟夫・納索	織原城二
加拿大的王牌上校 私下卻是內衣褲大盜	殺人也要強迫症 姓和名開頭必須同字母	透過征服各色人種女性 證明世界由男人支配

殺手魔通常瞄準時機做案，有些人卻要仔細評估對象；
不符合他們審美標準的，可能還不配被攻擊──

目 錄

005	就連母親也嫌棄他醜陋 —— 哈維・莫里・格拉特曼
015	字母殺手意外落網 —— 約瑟夫・納索
023	打著石膏誘殺年輕女人 —— 泰德・邦迪
043	自稱犬奴的連環殺手 —— 大衛・伯考維茲
057	嚇得小孩子不敢出門 —— 韋恩・威廉斯
073	凶手不止一個 —— 澳洲五起虐殺案
089	利用自己的犯罪事蹟去賺錢 —— 克利福德・奧爾森
099	警察幫凶手收集屍體 —— 蓋瑞・利奇威
115	未能及時送報的報童 —— 約翰・約瑟夫・約伯特
127	被騙進森林的男孩們 —— 阿納托利・斯利弗克

目錄

137	毀滅日本動漫產業的宅男 ——	宮崎勤
153	無法控制的吃人衝動 ——	傑佛瑞・丹墨
167	跨世紀的漫長審判 ——	馬克・杜特斯
175	豐胸代言人與戀胸殺手 ——	韋恩・亞當・福特
191	用嗎啡殺人的醫生 ——	哈羅德・希普曼
207	判以千年刑期的殺手 ——	路易斯・加拉維托
215	主動自首的兒童殺手 ——	賈韋德・伊克巴爾
229	愛找外國女子下手的富二代 ——	織原城二
245	勤勤懇懇的老實人 ——	蘇林德・庫里
255	河中頻現的屍體 —— 羅納德・約瑟夫・多米尼克	
263	寫下詳細報導的記者殺手 —— 弗拉多・塔內斯基	
271	王牌上校的雙面人生 ——	羅素・威廉斯

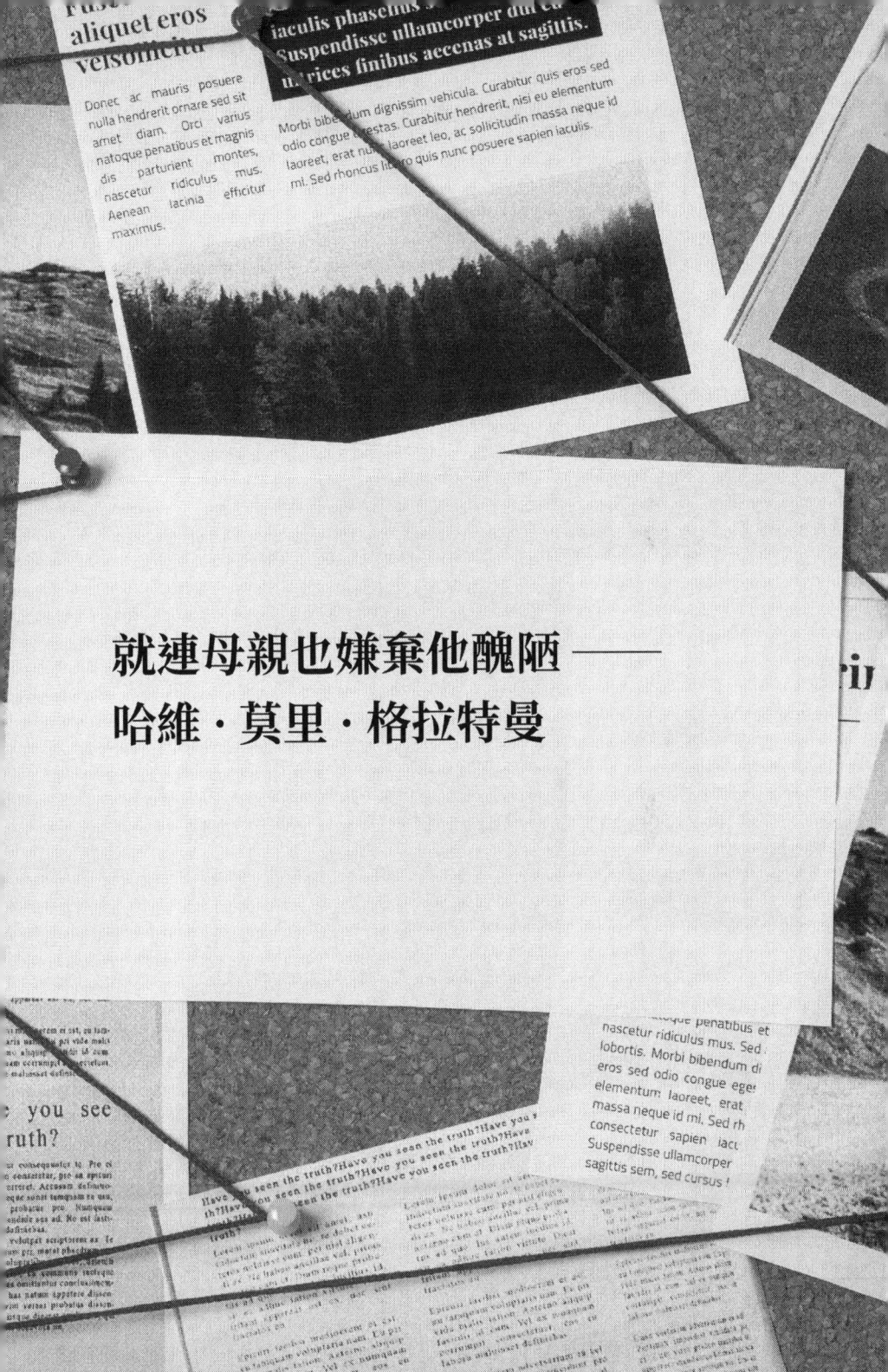

就連母親也嫌棄他醜陋——
哈維・莫里・格拉特曼

■ 就連母親也嫌棄他醜陋──哈維・莫里・格拉特曼

有兩名巡警在路過距離洛杉磯200公里的一處沙漠時，發現有一對男女正在互相毆打，女子的腿上流了許多血，好像受了很嚴重的傷。兩名巡警立刻上前制止兩人，並將他們帶回了警察局。

受傷女子名叫羅琳・維吉爾（Lorraine Vigil），她告訴警方自己在報紙上看到一則尋找模特的廣告後，就與該男子取得了聯絡。男子在與羅琳見面後，就建議到沙漠拍照。羅琳跟著男子來到了沙漠。當男子提出要加入捆綁的元素時，遭到了羅琳的拒絕，於是兩人扭打在一起。在此期間，男子掏出了一把槍並扣動了扳機，直接擊中了羅琳的腿部。羅琳雖然疼痛難忍，但依舊堅持反抗，直到巡警趕來解救了她。

襲擊羅琳的男子名叫哈維・莫里・格拉特曼（Harvey Murray Glatman），曾在警察局留過搶劫、猥褻的案底。在審訊中，格拉特曼交代了自己所犯下的3起凶殺案。如果不是羅琳激烈地反抗，那麼她就是第4名被害人。

第一名被害人名叫茱迪斯・杜爾（Judith Dull），是一個年輕的模特。1957年7月31日，格拉特曼認識了茱迪斯，他對茱迪斯說自己是個很有名的攝影師。在得知茱迪斯十分渴望成名後，格拉特曼表示他可以幫茱迪斯拍攝一組照片，並保證一定會讓茱迪斯成名。茱迪斯立刻被說動了，一口答應，並和格拉特曼約定了拍攝日期。實際上，格拉特曼屢次

因猥褻女性入獄，而且覺得扮演成色情雜誌的攝影師，美麗的模特會輕易上當，並按照他的要求擺出各種性感的姿勢。

當茱迪斯來到格拉特曼所提供的場地後，格拉特曼提出了一個全裸出鏡的要求，還要加入捆綁元素，因為這樣的照片更能吸引人們的注意。茱迪斯覺得格拉特曼說得很有道理，於是就同意了，任由格拉特曼將自己捆綁在一個X形的木架上。

在拍攝了幾張照片後，格拉特曼放下相機，並不懷好意地走近茱迪斯。當茱迪斯意識到自己可能會被強姦時，立刻反抗起來，但她的手腳都被捆住了，根本無法動彈，只能任由格拉特曼施暴。

完事後，格拉特曼開始擔心茱迪斯會報警，這樣他就會再次入獄，之前他所猥褻的女人都報了警，格拉特曼再也不想進監獄了。於是他就解開綁在茱迪斯手腳上的繩子，並脅迫茱迪斯上車，然後他將車開到了距離洛杉磯200公里的一個荒無人煙的沙漠裡。

停好車後，格拉特曼強迫茱迪斯下車，並命令茱迪斯脫光衣服，然後開始替茱迪斯拍照。茱迪斯或許意識到了危險，不斷懇求格拉特曼放過自己，並承諾絕對不會去報警。但格拉特曼根本不相信，在拍完幾張照片後，就勒死了茱迪斯。

就連母親也嫌棄他醜陋—哈維・莫里・格拉特曼

　　格拉特曼對茱迪斯的屍體進行了就地掩埋。處理完一切後，格拉特曼突然覺得有些內疚，於是就在茱迪斯的墳墓旁痛哭了一會兒，希望茱迪斯能原諒他。

　　這是格拉特曼第一次殺人。他一直很擔心警方會發現茱迪斯的屍體，並懷疑上自己。每次看到巡邏的警察時，格拉特曼都會變得十分緊張。

　　或許是出於對進監獄的畏懼，在之後的幾個月內格拉特曼都沒有再作案。隨著時間的推移，格拉特曼的擔憂漸漸減輕，他開始拿著茱迪斯的照片欣賞。當格拉特曼看著照片中的茱迪斯時，發現茱迪斯很漂亮，於是就將茱迪斯的照片放大，貼在房間的牆壁上。

　　格拉特曼殺死的第二個女性名叫雪莉・安・布里奇福德（Shirley Ann Bridgeford），24歲，是某個單身俱樂部的成員。格拉特曼在以假名加入該單身俱樂部後，立刻注意到了年輕漂亮的雪莉，於是開始追求雪莉。但格拉特曼的相貌有些醜陋，雪莉就拒絕了他。這讓格拉特曼很惱火，他從小就在相貌問題上飽受嘲笑，於是便想殺死雪莉。

　　1958年3月8日，雪莉答應和格拉特曼見一面。格拉特曼開著車來到約定地點等待雪莉，雪莉一出現，他立刻將雪莉脅迫到車上，然後開著車來到了一片荒蕪的沙漠，這裡正是他殺死茱迪斯的地方。格拉特曼在強姦雪莉後，開始拍雪

莉的裸照，最後將雪莉勒死。

與第一次殺人不同，格拉特曼殺死雪莉後並沒有負罪感，反而十分興奮，並開始尋找下一個被害人。於是，格拉特曼在報紙上刊登了一則應徵模特的廣告。

第三個被害人名叫露絲・默卡多（Ruth Mercado），她在報紙上看到廣告後就主動與格拉特曼取得了聯繫。格拉特曼一看露絲長得很漂亮，於是就開始追求她，但遭到了露絲的拒絕，格拉特曼就決定要殺死露絲。他將露絲帶到沙漠，強姦並勒死了露絲。

羅琳在報紙上看到格拉特曼的廣告，就找到了他。羅琳坐著格拉特曼的車來到沙漠。與之前 3 名被害人不同，羅琳在意識到不對勁後立刻開始反抗。

格拉特曼在交代完這些案件和作案手法後，向警方提供了 3 名被害人的藏屍地點，後來警方找到了這 3 名被害人的屍體。由於沙漠乾旱的原因，3 具屍體已經被風乾。

在經歷了 3 天的審判後，格拉特曼被判處死刑。在聽到這一判決結果時，格拉特曼表現得很坦然，他表示自己接受死刑，不會進行上訴。

1959 年 8 月 8 日，格拉特曼接受了死刑。在被處死前，格拉特曼表現得很平靜，似乎一點也不恐懼即將到來的死亡，他的遺言是：「這是最好的結局。」

■ 就連母親也嫌棄他醜陋──哈維・莫里・格拉特曼

1927年10月10日，格拉特曼出生於美國科羅拉多州。從格拉特曼記事起，他就總是因為醜陋的相貌受到所有人的嘲笑，這些人包括接生的醫生、家人和同齡人，尤其是母親也總是嘲弄格拉特曼醜陋的相貌，毫不顧及格拉特曼的感受。格拉特曼的耳朵很大、眼睛凸出、嘴唇有點厚，看起來比一般的孩子要醜陋。同齡人看到格拉特曼的長相後都會做出厭惡的表情，並且會遠離格拉特曼，有些孩子甚至會替格拉特曼取一些侮辱性的外號，例如猴子、大猩猩、醜鬼等。由於沒有人願意和格拉特曼一起玩耍，格拉特曼的性格變得越來越孤僻。不過格拉特曼的智商卻很高，高達130，成績一直很優異。

進入青春期後，格拉特曼和所有的男孩一樣，開始對女孩感興趣，並且希望能受到異性的關注。但沒有一個女孩喜

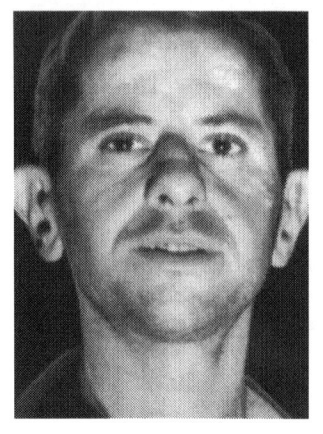

歡格拉特曼這個醜八怪，甚至在看到他後會做出厭惡的表情。這些經歷讓格拉特曼備受打擊，他開始變得更加孤僻和自卑，甚至連和女孩說話的膽量都沒有。

漸漸地，格拉特曼開始對女孩產生了一種奇怪的心思，他會將暗戀女孩的書包偷走，然後一

邊幻想書包的主人，一邊對著書包自慰。

　　17歲時，格拉特曼猥褻了一名女性，這是他第一次犯罪。當時格拉特曼用一把仿製槍在一條偏僻的小巷脅迫了一名年輕女子，並恐嚇女子將衣服脫光。被害人本以為會遭受強姦，於是根本不願意脫衣服。於是格拉特曼只能親自動手將被害人的衣服扒光，然後對著被害人的裸體自慰。

　　這次的犯罪經歷為格拉特曼帶來了全新的感受，相比於自慰所帶來的快感，他更喜歡做壞事所帶來的快感。從那以後，格拉特曼開始頻繁到女廁所偷拍，或者闖入獨居女性的家中，將被害人綁起來，對著被害人自慰。

　　1945年，格拉特曼因猥褻女性被警方逮捕，在交了保釋金後才被放了出來。但一個月後，警方再次接到報案，一名女性說格拉特曼猥褻了她。於是格拉特曼被警方送到了監獄裡，直到8個月後才獲得了自由。

　　離開監獄後，格拉特曼帶著相機來到了紐約，會時不時在街上、咖啡廳、公車上拍攝一些美女的照片。格拉特曼發現，紐約年輕漂亮的女人很多，而且她們對他的態度很友好，不會嫌棄他醜陋的相貌，反而會在他拍攝的時候配合性地露出笑容。在那些陌生女性看來，格拉特曼只是一個攝影愛好者，但實際上格拉特曼是將她們拍下來，然後對著她們的照片自慰。

011

就連母親也嫌棄他醜陋─哈維‧莫里‧格拉特曼

後來格拉特曼再次被逮捕,他因搶劫罪被判了10年監禁。格拉特曼去搶劫的原因很簡單,他缺錢了。不過格拉特曼的作案手法並不高明,在搶劫後很快被警方抓住。

在服刑期間,格拉特曼意外接觸到色情雜誌,他一下子愛上了色情雜誌,並且想成為一名色情雜誌的攝影師。這樣他就能近距離接觸漂亮、性感的模特,那些漂亮的女模會按照他的要求做出一些性感的動作,並朝著鏡頭露出笑容,這些都是格拉特曼所渴望的,因為他從小就因醜陋被女孩們拒絕。

在監獄裡,格拉特曼是個模範犯人。由於表現良好,他還提前獲得了釋放。離開監獄後,格拉特曼在洛杉磯找了一份維修電視的工作。工作之餘,格拉特曼一直苦練攝影技術,並渴望著能成為色情雜誌的攝影師。但他未能如願,卻從此走上了連環殺手的地獄之路。

■【認知狹窄性】

在 17 歲之前，格拉特曼就是一個普通的男孩，他的成績很優異，只是性格孤僻。那麼格拉特曼為什麼會成為罪犯，並且從猥褻女性發展成強姦、殺害女性呢？

格拉特曼的相貌很醜陋，這是所有人達成的共識，就連他的母親也會忍不住說：「哈維，你長得真醜。」格拉特曼因此總是生活在一種挫敗感中。在上學之後，沒有小夥伴願意和格拉特曼成為朋友，這使他的挫敗感進一步加劇。在步入青春期後，屢次被喜歡的女孩所厭惡，格拉特曼的挫敗感就更加強烈。屢次因相貌醜陋被人嘲笑是生活中所遭受的一種挫折，但這種挫折並不是導致格拉特曼走上犯罪道路的原因，導致他猥褻女性的原因是他看待挫折的方式以及如何應對挫折的認知能力。格拉特曼選擇了強制性的手段，例如強迫女性脫光衣服。

每當一個人遭遇挫折的時候，就會產生挫敗感，這雖然是一種很糟糕的感受，但有助於我們調整自己以適應社會生活。在這個調整的過程中，有些人會偏離正常軌道，即形成狹窄的認知。像格拉特曼，他的相貌雖然醜陋，但智商很高，他完全可以利用這個優點來彌補自己相貌上的不足，或

就連母親也嫌棄他醜陋——哈維・莫里・格拉特曼

者以豁達的態度面對他人的嘲笑。

但格拉特曼顯然沒有這樣做,他沒有發現自己問題的癥結所在,他將所有的原因都歸結在他人身上,於是他會覺得憤怒,並且會對女性實施攻擊性的犯罪,例如在追求雪莉、露絲失敗後,就會產生將對方強姦並殺害的念頭。在殺害茱迪斯時,格拉特曼的認知狹窄性再一次展現。他覺得如果放走茱迪斯,茱迪斯就會報警,於是他勒死了茱迪斯。這種認知狹窄性使格拉特曼一直採取強制手段來迫使女性滿足自己的慾望,而不是從調整自身做出努力,例如努力改善自己,使自己在除了相貌之外的其他方面變得更優秀。

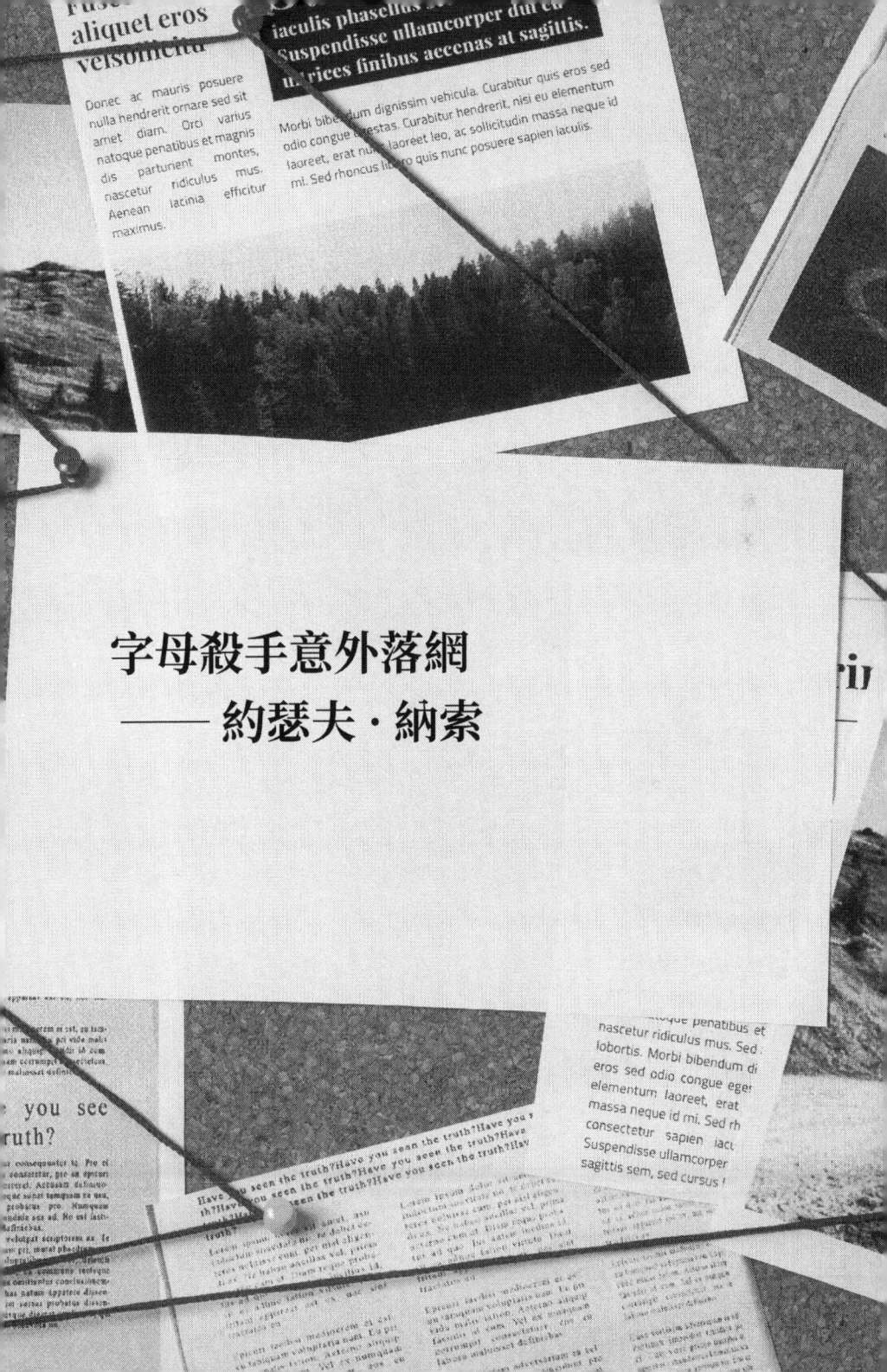

字母殺手意外落網
—— 約瑟夫・納索

字母殺手意外落網─約瑟夫・納索

1971 年 11 月 6 日，紐約羅徹斯特市的徹奇小鎮上，一個年僅 10 歲的女孩被人殺害，屍檢顯示，被害人卡門・科隆（Carmen Lorraine Colon）遭受過性侵害，最後被凶手勒死。

1973 年 4 月，韋伯斯特縣發生了一起命案，被害人是 11 歲的汪妲・沃克奇斯（Wanda Walkowicz），曾遭受過性侵害，最後被凶手勒死。

6 個月後，梅思登小鎮又發生了一起相似的命案，死者是 11 歲的蜜雪兒・馬薩（Michelle Maenza）。

這 3 起發生在 1970 年代紐約的姦殺案，除了先姦後勒殺的共同點外，警方還發現了一個相同點，即每個被害人的姓和名都以相同字母為開頭，並且被害人的屍體發現地首字母與姓名首字母一樣。為此，這名連環殺手被稱為「雙重字母殺手」（Double Initial Killer）。不過也有人表示，這極有可能是一種巧合，沒有凶手會刻意按照名字來殺人。警方盤問了數百名嫌疑人，最終也沒找到凶手，也沒有起訴其中任何一個嫌疑人。

除了紐約，1970 年代的加利福尼亞州、內華達州、佛羅里達州也出現過類似的字母姦殺案。警方一直不明白字母殺手為什麼要跨州作案，直到重大嫌疑人約瑟夫・納索（Joseph Naso）進入警方的視線，警方才明白其中的緣由。原來當時納索因工作調動先後在紐約、加州、內華達州、佛羅里達州

待過一段時間,案發地點是根據他工作的調動來決定的。

納索的被捕是一次意外,警方起初只以為他犯了盜竊罪。在 2010 年 4 月,納索已經 76 歲了,他因盜竊罪被捕,並獲得了假釋。後來一名警察韋斯利‧傑克森注意到納索違反了假釋條例,於是決定上門搜查。

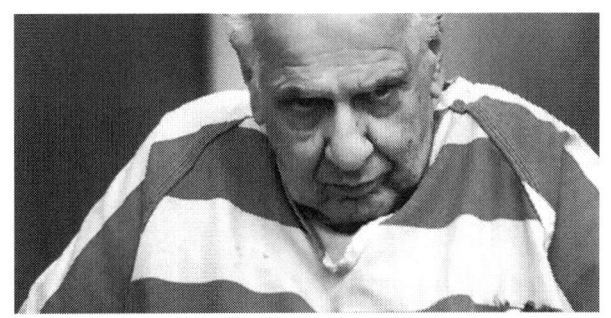

當韋斯利來到納索住所門前時,納索根本不想開門,表現得很不情願,但由於正處於保釋期,他只能讓韋斯利進門。韋斯利起初只以為納索可能藏著一些槍支彈藥、毒品之類的違禁物品,或者是又偷了什麼東西,他萬萬沒想到納索會是一個連環殺手。

進入客廳後,韋斯利看到了一幕又髒又亂的場景,地上有許多垃圾,桌子上有壞掉的食物,水槽裡堆著許多沒洗的碗。韋斯利覺得納索一定是一個人居住,這根本不像一間有女主人的房子。

在進一步的搜查中,韋斯利發現了女人的衣物,還找到

字母殺手意外落網—約瑟夫・納索

了一對塑膠模特的長腿,上面套著尼龍絲襪。納索解釋說,他的腿有皮膚病,只能穿女人的連腿絲襪。可是韋斯利看了看納索露出的腳踝,他明明穿著男人的襪子。

隨著搜查工作的進行,韋斯利發現了許多女人的照片,照片上的女人要麼全身赤裸,要麼只穿著連腿絲襪和高跟鞋,並且都被捆綁束縛著。韋斯利在看這些照片的時候,覺得照片上的女人都是昏迷的,他甚至懷疑有些女人已經死掉了。對此納索解釋說,這些都是藝術照,他曾是個自由攝影師,這些照片都是他在 1950 年代拍攝的。

此外,韋斯利還發現了一本日記,上面記錄著許多恐怖的內容。例如:在 1958 年的某一天,納索記錄道:「水牛城北部樹林。這妞真漂亮,她坐在副駕駛,我得弄暈她。」還有一則:「堪薩斯的一個女人,我和她一起去了弗雷德・阿斯泰爾的舞蹈工作室,她真是個性感的女人,大長腿,穿著絲襪和高跟鞋,在暴風雪的夜晚,我得在車上強姦她。」納索還在日記中提到,他十分強烈地想強姦並殺死樓上的女住戶,只是後來女住戶搬走了。納索日記裡所記錄的內容基本上都與此類似,而且還寫明了時間和地點。這讓韋斯利開始懷疑,納索很有可能是個連環殺手,專門姦殺女性。

此外,韋斯利等警察還在納索的住所發現了許多女性的真實證件,例如出生證明、護照、工牌等。在納索的房子

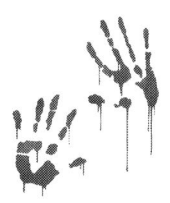

裡，有一間祕密囚室，這讓警察懷疑納索曾在囚室裡關押過許多女人。

在將納索逮捕後，內華達的警方立刻成立了專案組，開始重新調查許多懸案，最終發現納索與字母連環姦殺案密切相關，在納索住所發現的照片和日記裡所記錄的強姦內容，與字母連環姦殺案相對應。不過由於字母連環姦殺案地域、時間跨度太大，再加上部分證據遺失，警方只能以謀殺其中6名被害人的罪名起訴納索。

但是，當警方將納索的DNA與紐約發生的案件的凶手DNA進行比對的時候，卻沒有匹配上。這讓警方懷疑，字母殺手並非只有納索一人，納索或許有同夥，或者說納索是字母殺手的模仿者。

在開庭審理時，除了從納索家中搜出的證據外，還有許多女性出庭作證，她們大多是受害者，曾被納索強姦過。在1970年代的美國，女性的地位很低，即使被害人報案說自己被強姦了，通常也不會受到警察的重視。其中一名被害人表示，她在被納索強姦後，告訴了母親，母親去報了警，但警察不僅沒有抓納索，反而向納索通風報信，讓納索趕快逃走。

除了被害人外，納索的前妻茱迪斯（Judith Naso）也出庭了。她表示，在兩人的婚姻關係中，納索的性需求很變態，

字母殺手意外落網─約瑟夫・納索

他經常將她迷暈，然後強姦她。有一次，茱迪斯被納索迷暈，納索叫來一名男子，讓男子強姦茱迪斯，而他則在一旁觀看。這讓警方更加認定，字母殺手並非只有納索一人，納索一定有同夥。

最終，納索被判處死刑。

■【三種人格特質與性犯罪】

納索自始至終都沒有承認自己是字母殺手,也沒有交代自己的作案動機。不管納索是不是字母殺手,他都是一個連環強姦犯,許多被害人均可以證明納索曾犯過多起強姦罪;而且納索的日記中充滿了他對強姦的幻想,字裡行間還透露著納索對強姦罪行的紀錄。不過對於日記中的內容,納索表示「強暴」這個字眼在他的家鄉並非字面上的意思,是想和女人親熱的意思。

研究顯示,如果一個人表現出了以下三種人格特質,那麼他極易犯下強姦罪:冷酷無情,反社會性或衝動,性慾亢奮。

冷酷無情的主要表現為:說謊成性、過分自戀、缺乏共情等,例如納索在出庭受審時,態度十分囂張,不僅當庭豎了中指,還不知悔改地說,那些女人都是自願與他發生性關係,他能讓法庭上一半的女人自願脫光衣服。

反社會性或衝動的主要表現有:自制力弱,很早就開始出現犯罪行為,例如納索除了犯下連環強姦罪外,還是一個屢次因盜竊罪入獄的人。

性慾亢奮的主要表現有：性衝動和性強迫，例如納索只要看到一個長相、身材不錯的女人，就會產生強姦對方的念頭。

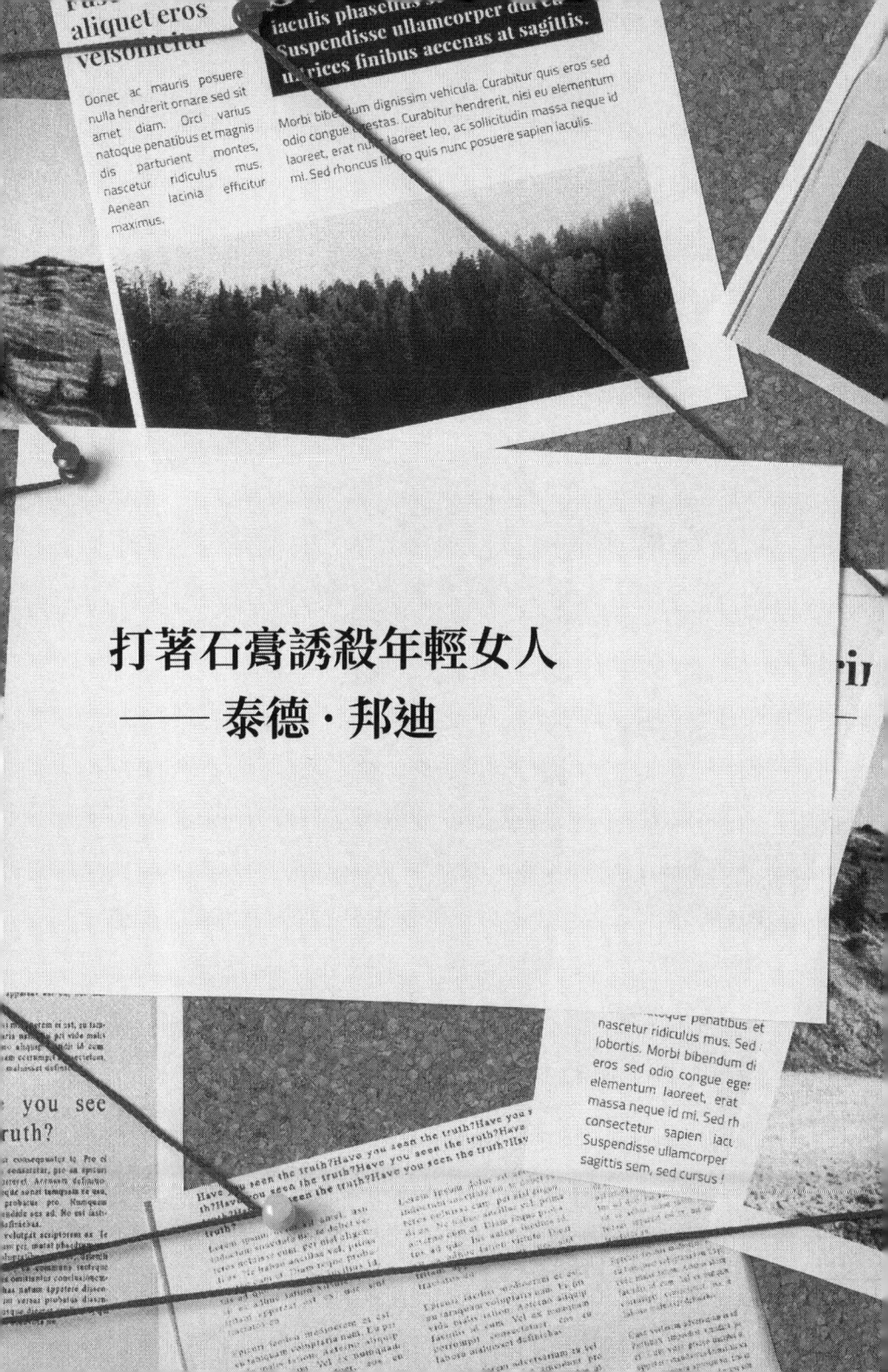

打著石膏誘殺年輕女人
——泰德·邦迪

打著石膏誘殺年輕女人—泰德・邦迪

琳達・希利（Lynda Ann Healy）來自一個上層中產階級家庭，就讀於西雅圖華盛頓大學心理學專業，她在電臺找了一份播音員的兼職，每天早上都得早起去電臺上班，她主要負責播報天氣預報。1974年2月1日，琳達沒有按時到電臺上班，電臺負責人為了了解情況就打電話給琳達的住所。接電話的是琳達的室友，她說琳達不在家，應該正在去工作的路上。室友雖然這樣說，心裡卻充滿了疑惑，根據她對琳達的了解，琳達每天早上會將鬧鈴關掉，然後開始準備去上班，但今天早上琳達房間裡的鬧鈴卻一直響個不停，將她吵得無法入睡，只能來琳達房間裡將鬧鐘關掉。

到了晚上，琳達的父母將電話打到了琳達室友那裡，他們說琳達與他們約好一起吃晚飯，卻一直沒有出現。這時，所有人才意識到琳達可能出事了，於是就向警方報了案。

琳達的父母與警察一起來到了琳達的房間。琳達的房間顯得很整齊，但琳達的母親卻堅稱這不是琳達整理的，她懷疑有陌生人進入了琳達的房間。

警方在搜查琳達的房間時，發現一個枕頭上有鮮血，而且床單和另一個枕頭都不見了。在琳達的衣櫥裡，警方找到了更多的疑點，琳達的一些衣服不見了，睡衣的領口上有一道被勒出的血痕。

警方懷疑，有陌生人在夜間闖入了琳達的房間，將睡夢

中的琳達給擊昏,然後趁著琳達昏迷之際,脫掉琳達的睡衣,替她換上了一身外出穿的衣服,然後將床鋪打理整齊,最後用床罩裹著琳達離開了。除了琳達的血跡外,警方沒有發現任何線索。襲擊者沒有留下指紋和毛髮,甚至連目擊者都沒有。

警方透過調查發現,琳達在失蹤的前一晚和幾個朋友吃過晚飯後一起到校園附近的丹特酒吧。琳達回來後,就與室友一起看電視,還打了通電話給男朋友。根據琳達朋友和同學的反映,琳達從來不會與人發生不愉快,她是個很親切、活躍的人,經常為一些智力障礙兒童提供幫助和進行心理治療。

起初,警方只覺得琳達失蹤案是一起十分普通的失蹤案件,但沒想到卻是一系列年輕女孩失蹤案件的開始,在接下來的幾個月內,西雅圖開始頻發年輕女孩失蹤案。失蹤的女孩有一些共同點:白人、獨自居住、身材好、留著長頭髮、消失的時間都是晚上。

1974年3月12日,19歲的女大學生唐娜·蓋爾·曼森(Donna Gail Manson)在去聽音樂會的路上失蹤了。警方沒有找到任何線索,也沒有發現唐娜的屍體。

4月17日,女大學生蘇珊·蘭考特(Susan Elaine Rancourt)失蹤了。警方了解到,蘇珊是在去看一個德語電影的

打著石膏誘殺年輕女人─泰德·邦迪

時候失蹤了，蘇珊會一點防身術，如果有人想綁走蘇珊，應該會很困難。

5月6日，羅貝塔·帕克斯（Roberta Kathleen Parks）在晚上散步的時候失蹤了。

6月1日，布蘭達·鮑爾（Brenda Carol Ball）在一個名叫西雅圖火焰的酒吧裡與一個陌生男子一起離開後就失蹤了。

由於失蹤者幾乎都是大學生，警方就開始在校園裡進行調查，希望有目擊者能夠提供嫌疑人特徵。有幾個女大學生告訴警方，她們曾看到過一個很奇怪的男人，他手上和腿上打著石膏，一隻手上有許多書，有時他的書會掉落在地上，請求女學生幫助他。雖然這個男子很年輕，而且長相英俊、衣著考究，但這幾個女學生卻覺得他很可怕，於是並未幫助他，就匆匆離開了。

此外，警方還接到一通目擊者的報案，他曾在停車場附近看到過一個手上綁著石膏的男人，他在請求別人幫助他啟動他那輛金龜車。就在這座停車場附近，曾經有兩名女孩離奇失蹤。

1974年8月，有人在瑟馬米什湖公園發現了一些人類的殘骸，有5根大腿骨，兩個頭骨和一塊下顎骨，還有一些不同顏色的頭髮。經證實，這些殘骸屬於兩名失蹤女學生，分別是珍妮絲·奧特（Janice Ann Ott）和丹妮絲·納斯蘭德（Denise

Marie Naslund），她們在7月14日失蹤。

有目擊者告訴警方，他曾在湖邊野炊的時候看到過珍妮絲，當時珍妮絲正在和一個年輕英俊的男人說話，那個男人手上打著石膏，請求珍妮絲幫他將小船弄到車上。珍妮絲答應幫忙，然後就失蹤了。此外目擊者還聽到那個男人說自己叫泰德。

丹妮絲也是在湖邊失蹤的，那天丹妮絲正好與朋友們在湖邊聚會，後來她去了趟洗手間，之後就失蹤了。目擊者告訴警方，在丹妮絲失蹤地點附近，也曾出現過一個手上綁著石膏的年輕男子請求女孩們的幫助，幾個女孩並沒有幫助他。丹妮絲是個樂於為他人提供幫助的人，她應該好心幫助了綁著石膏的男子。

警方將手中所掌握的線索在報紙上公之於眾，希望有人能主動提供線索。不久之後，警察局接到一通電話，打電話的人說她懷疑凶手就是泰德·邦迪（Ted Bundy），因為他有一輛金龜車。

從1974年9月起，西雅圖的警方沒有再接到女性失蹤的報案，只是時不時地會接到一些發現不明屍骨的報案。不過西雅圖附近的鹽湖城卻開始頻發女子失蹤案。

1974年10月18日，17歲少女梅莉莎·史密斯（Melissa Anne Smith）失蹤了。梅莉莎的父親路易斯·史密斯是州警察

打著石膏誘殺年輕女人—泰德・邦迪

局局長,他總是向女兒進行安全教育,甚至會講一些案件給女兒聽,但他最擔心的事情還是發生了。

9天後,有人在荒野發現了一具女屍,經證實死者正是失蹤的梅莉莎。屍檢報告顯示,梅莉莎的頭部受到了鈍器的撞擊,頸部有勒痕,生前曾遭受強姦。讓法醫覺得奇怪的是,梅莉莎的面部顯得很整潔,甚至還被化了妝。警方推測,這應該是凶手所為,凶手將梅莉莎綁走後,並未馬上殺死她,而是將梅莉莎關了起來,趁著梅莉莎昏迷的時候,替她化妝和實施性侵。

10月31日,又有一名少女在夜間失蹤,她名叫蘿拉・艾米(Laura Ann Aime),17歲,在失蹤前去參加一個化裝舞會,在舞會結束後蘿拉就回家了,從那以後再也沒人見過蘿拉,直到一個月後蘿拉的屍體被發現。

蘿拉的屍體在瓦薩奇山脈的一條河邊被發現。屍檢結果顯示,蘿拉的頭部受到了鈍器的撞擊,生前曾遭受了強姦。蘿拉的頭髮十分乾淨,像是剛被洗過,警方認為這應該是凶手所為。由於屍體發現地的血跡很少,警方懷疑蘿拉應該是在其他地方被人殺害,然後屍體被轉移到了這裡。由於這兩起案件十分相似,警方認為凶手應該是同一個人。

一時間,鹽湖城的女性都變得恐慌起來,而西雅圖的警方神經也緊繃著,人們都擔心凶手會再次作案。

11月8日,鹽湖城的警察局來了一名女子,她顯得很恐慌,手上還掛著手銬,等她慢慢平靜下來後,開始向警察講述自己剛剛經歷的一段恐怖遭遇。

女子名叫卡蘿兒·德洛克(Carol DaRonch),18歲,在一家書店裡遇到了一個年輕英俊的男子。男子對卡蘿兒說,她的車好像被人動過了,希望卡蘿兒能和他到停車場看看。卡蘿兒以為男子是商業區的警衛,就跟著他走了。

在去往停車場的途中,男子對卡蘿兒說,他是個警察,名叫羅斯·蘭德。來到停車場後,卡蘿兒開始檢查自己的車,但沒發現有什麼東西丟了。就在卡蘿兒準備離開的時候,男子卻強制要卡蘿兒和他去趟警察局,他說卡蘿兒得填寫一份報告。說著男子就將卡蘿兒拉到了一輛金龜車旁邊,這時卡蘿兒開始懷疑,要求看男子的證件,男子只拿出一枚警徽在卡蘿兒面前晃了晃,然後就將卡蘿兒推上了車。

當車行駛了一段時間後,卡蘿兒發現方向不對,她開始害怕起來。就在這時,男子將車停了下來,為卡蘿兒戴了一副手銬。卡蘿兒拚命地反抗和呼救,慌亂之中卡蘿兒將車門撞開,她直接倒在了地上。這時,男子拿起一根鐵棍向卡蘿兒打了過來,卡蘿兒情急之下朝著男子的胯下踢了一腳,然後拚命沿著公路奔跑。恰巧這時有一輛車停了下來,車裡有一對夫婦,他們懷疑卡蘿兒遭遇了攻擊,卡蘿兒立刻上車,

打著石膏誘殺年輕女人—泰德・邦迪

並要求他們將她送到警察局。

警察在聽完了卡蘿兒的遭遇後，表示警察局根本沒有羅斯・蘭德這個人。後來警察在卡蘿兒的指引下來到了案發現場，那名男子早已不見了。此外警方還從卡蘿兒的外衣上提取到了那名襲擊者的血樣，是O型血。

就在卡蘿兒遇襲的當天晚上，黛博拉・肯特（Debra Jean Kent）失蹤了。在失蹤前，黛博拉正和父母一起坐在佛蒙特高中的體育館裡看演出。黛博拉在演出結束前就離開去接打保齡球的弟弟，之後黛博拉就失蹤了。黛博拉的父母來到停車場後發現黛博拉的車還停在那裡，黛博拉卻不見了，於是就報了警。警方趕到後立刻開始搜查停車場，結果只找到了一把鑰匙，很像手銬鑰匙。後來一名警察用這把鑰匙開啟了銬在卡蘿兒手上的手銬，顯然襲擊卡蘿兒的人綁走了黛博拉。

警方從一個節目的導演那裡了解到，在演出開始前，她曾在停車場遇到一個年輕英俊的男子，男子十分禮貌地請求她幫一個忙。當時導演很忙就沒答應，同時她感覺這個男人很奇怪，讓人覺得恐懼。在演出開始後，導演再次看到了這名男子，他就安靜地坐在後排。

1975年1月12日的凌晨時分，警方又接到了一起失蹤報案。失蹤者名叫卡琳・坎貝爾（Caryn Eileen Campbell），與丈夫、孩子來科羅拉多旅行。晚上，卡琳獨自一人去房間取

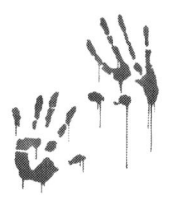

一本雜誌,丈夫和孩子就在飯店的休息室等她回來。他們等了很久,都不見卡琳回來,於是就返回房間察看,結果發現卡琳根本沒回來過。

一個多月後,卡琳的屍體在距離飯店幾公里的一條小路邊被發現。屍檢結果顯示,卡琳的頭部曾受到鈍器的反覆擊打,一顆牙齒被打掉,死前卡琳曾遭受過強姦。

1975年3月,警方接到報案,有人在一座山上發現了人類的頭顱。後來死者的身分得到確認,是失蹤女性之一。為了尋找線索,警方增派了大量警力對這座大山進行了仔細的搜查,結果發現了3顆人類頭顱,都屬於失蹤女性。

警方只在這座山上搜查到了被害人的頭骨,並沒有發現頸椎的骨骼。這說明,這裡並不是凶殺現場,凶手在其他地方將人殺死然後砍下頭顱,將頭顱丟棄在這座山上。因為如果凶手是在這座山上砍下了死者的頭顱,那麼一定會遺留下一些頸椎碎骨。

3月15日,茱莉·坎寧安(Julie Lyle Cunningham)在去往酒吧的路上失蹤。

4月15日,梅蘭妮·庫里(Melanie Suzanne Cooley)在騎車外出時失蹤。8天後,梅蘭妮的屍體被發現,她的頭部遭受了重擊,下身的牛仔褲被拉到了腳腕處。

7月1日,一個名叫雪莉·羅伯森(Shelley Kay Robert-

打著石膏誘殺年輕女人—泰德・邦迪

son)的女孩失蹤了。一個月後,雪莉的屍體在一個廢棄的礦坑裡被人發現。

鹽湖城女性的噩夢在 8 月分才得以終止,因為製造這一系列凶殺案的連環殺手被一名交警抓住了,他就是泰德・邦迪,一個完全不符合人們想像中罪犯形象的連環殺手,他不僅相貌英俊,深受女孩歡迎,其他方面也很正常。

在 8 月 16 日這天,鮑勃・海沃德(Bob Hayward)像往常一樣在鹽湖城外進行巡邏,他看到了一輛陌生的金龜車。鮑勃在這一帶工作了很長時間,對附近居民所駕駛的汽車都很熟悉,他從來沒見過這輛金龜車,於是鮑勃將車燈開啟想要看清金龜車的車牌。結果那輛汽車卻突然加速行駛,這讓鮑勃起了疑心,於是立刻追上去。

過了兩個紅綠燈後,金龜車終於在一個加油站旁停了下來。鮑勃停好車後走下來察看金龜車司機的證件,駕照上顯示司機名叫泰德・邦迪。

　　隨後，有兩名警察趕來，開始搜查邦迪的車，結果發現了很多可疑的東西，例如一把撬棍、一個用剪開的長襪做成的面具、繩子、手銬、電線和一個冰袋。最後邦迪以涉嫌入室盜竊被警察帶走了。

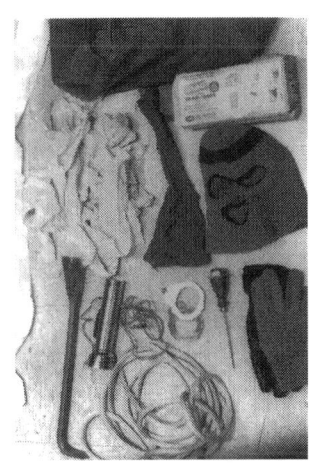

　　邦迪車裡的那副手銬，讓警方聯想起了卡蘿兒被襲擊後來報案時身上的手銬。警方開始懷疑邦迪就是襲擊卡蘿兒，差點將卡蘿兒殺死的人。由於卡蘿兒襲擊案與黛博拉失蹤案發生在同一天晚上，警方不得不懷疑邦迪就是綁走黛博拉的人。10月2日，警方安排卡蘿兒和幾個目擊者對邦迪進行辨認，結果她們一眼就從一排嫌疑人中認出了邦迪。

　　1976年2月23日，邦迪以試圖綁架卡蘿兒的罪名被起訴。雖然警方懷疑邦迪就是那個他們一直在尋找的連環殺手，但他們沒有證據。在法庭上，面對卡蘿兒的指認時，邦迪表現得十分鎮定，他堅決認為卡蘿兒認錯人了。但金龜車上的可疑物品和卡蘿兒上衣上的血跡都是證據，最後他以綁架罪被送到監獄，他被判了15年監禁，有申請假釋的機會。

　　雖然邦迪被送進了監獄，但警方依舊沒有放棄蒐集證據。在邦迪的金龜車裡，警方發現了女性的頭髮，與梅莉莎

打著石膏誘殺年輕女人—泰德・邦迪

和卡琳的頭髮特徵一致。此外警方還發現邦迪車上的撬棍正好與卡琳頭上的鈍器傷痕相吻合。1976年1月22日，警方以涉嫌殺害卡琳的罪名起訴邦迪。

這一次，邦迪決定自己為自己辯護。上次邦迪因綁架案被定罪的時候就非常意外，他將這一切都歸結到律師身上。邦迪以查閱數據為由獲得了去圖書館的機會，這座圖書館位於監獄外，警戒十分鬆懈，邦迪在進入圖書館後通常會請求警察將他的手銬或腳鐐去掉。6月7日，邦迪瞄準機會從窗戶跳出，逃了出去。

看守的警察很快就發現邦迪不見了，於是一場大追捕開始了，警方出動了150多人，還帶上了警犬。邦迪很狡猾，他只在晚上出來，有時去垃圾桶找吃的，有時去附近林地的露營地偷些東西吃。

後來邦迪偷走了一輛車，他本以為自己可以自由了，卻在路上被警察抓住了。這一次邦迪被戴上了手銬和腳鐐，儘管如此他還是想要越獄逃走。

邦迪注意到監牢的天花板有個隔層，只能容下一個身形消瘦的人，於是他開始減肥，將體重減掉了將近50磅（約23公斤）。12月30日，由於新年快要到來，獄警們的戒備工作不再那麼嚴格，邦迪偷偷爬進了天花板的隔層，他找到了一個出口，這個出口正好通向一個獄警的壁櫥。邦迪等獄警離

開後,就爬到壁櫥裡,換了一身獄警的衣服光明正大地走出了監獄的大門。

15個小時後,獄警才發現邦迪不見了。此時的邦迪已經坐上了開往芝加哥的長途巴士,他的目的地是佛羅里達。

恢復自由後的邦迪開始瘋狂作案,他潛入女生宿舍,瘋狂地攻擊和強姦女學生,然後將她們都殺死。與以往的作案不同,邦迪不再花精力去處理案發現場。

1978年2月15日晚上,佛羅里達潘斯克拉地區的巡警大衛・李(David Lee)在工作的時候發現了一輛陌生的橘紅色金龜車,就記下車牌,打電話跟警察局確認。當大衛得知這輛金龜車已經失竊後,就追上了它。

邦迪發現有巡警追他,就加快了速度。最後邦迪將車停下來,他一走下車,大衛就準備將他銬住,這時邦迪突然發動攻擊,與大衛廝打起來,在此期間邦迪掙脫了大衛的控制,立刻跑掉了。大衛直接掏出手槍朝邦迪射擊,被擊中的邦迪倒在地上。

在確認了邦迪的身分後,警方將邦迪送進了監獄。這一次邦迪面臨著至少兩項謀殺罪名的審判。在法庭上,警方提供了一份非常關鍵的證據,一名被害人身上的牙印與邦迪的牙印完全吻合。最後邦迪被判處死刑,不過他一直不停地上訴,一直拖了十年之久才被送上電椅。

打著石膏誘殺年輕女人—泰德・邦迪

1989年1月24日，邦迪在6個警察的押送下走出了自己的牢房，他被送進行刑室，並被捆在電椅上。7點15分，3個警察分別拉下了不同的電閘，邦迪在抽搐了一會兒後死去。

邦迪出生於1946年11月24日，那時他的母親還很年輕，沒有結婚，在單身母親收容所裡生下了邦迪。邦迪的父親是個退役空軍軍人，邦迪從來沒見過他。

邦迪出生後不久，就被母親帶著回到了費城。從那以後，外祖父母成了邦迪的父母，母親則成了他的姐姐。在邦迪的印象中，外祖父母為他營造了一個良好的成長環境，他從未受過虐待。當時邦迪還很小，對這段早期經歷沒什麼記憶。根據周圍人的反映，邦迪的外祖父是個脾氣很暴躁的男人，有時還會家暴。外祖母對邦迪的態度非常冷淡，似乎不怎麼喜歡邦迪。

4歲時，邦迪跟隨母親搬到華盛頓州的一個港口城市居住。在這裡，母親不僅有了穩定的工作，還開始了一段婚姻。繼父強尼（Johnny Culpepper Bundy）一直試圖與邦迪建立親密的父子關係，但邦迪卻一直不肯接受繼父，他總是獨自一個人待著。在邦迪的心中，外祖父母才是他的父母。

後來，邦迪的母親先後生下了4個孩子。邦迪小時候經常幫母親照看4個弟妹，他與弟妹的關係都不錯。雖然邦迪

的身分在這個家裡有些尷尬，但母親和繼父對邦迪一直很關心。

在學校裡，邦迪是個害羞又缺乏自信的人。在上高中以前，邦迪的成績一直不錯，是班上的優秀學生。進入高中後，邦迪的成績開始下滑，他從一個優秀學生變成了一個普通的高中生。

與許多普通人一樣，邦迪的早期人生經歷一直順風順水，沒有遭遇什麼大的創傷或挫折。但邦迪一直對自己的生活感到不滿，他渴望成為有錢人，或是被有錢人收養。

進入西雅圖的華盛頓大學後，邦迪遇到了一個漂亮的富家千金史蒂芬妮·布魯克斯（Stephanie Brooks）。由於邦迪和史蒂芬妮都喜歡滑雪，他們發展成了男女朋友的關係。表面上，邦迪是個成績優異的學生，還有一個漂亮的女朋友。但實際上，邦迪卻有個見不得人的嗜好，他喜歡偷窺女性，而且欲罷不能。

大學畢業後，史蒂芬妮就想與邦迪分手。在史蒂芬妮看來，邦迪不是個好丈夫的人選，她覺得邦迪不會取得什麼成就。史蒂芬妮委婉地提出，她要到舊金山讀書。結果邦迪直接申請到舊金山史丹佛大學就讀，於是邦迪和史蒂芬妮來到了舊金山。

在舊金山，史蒂芬妮還是提出了分手。這次的分手給邦

■ 打著石膏誘殺年輕女人—泰德・邦迪

迪帶來了巨大的打擊，他開始無心課業，最終淪落到了不及格的地步。失戀以後，邦迪過上了四處遊蕩的生活。

後來邦迪來到了自己出生的佛蒙特州，他在整理東西時無意中看到了自己的出生證明。這時邦迪才知道自己的「姐姐」原來是他的母親。或許是這個身世祕密太過刺激，讓邦迪心中埋下了怨恨的種子。

最終邦迪在西雅圖定居，他在這裡租了間屋子，還找了份工作。穩定下來後，邦迪就開始到處偷東西。此外邦迪還很喜歡看暴力色情的電影和偵探文學作品。

1968年，邦迪在一個高中同學的介紹下，與共和黨政客弗萊徹（Arthur Fletcher）相識。弗萊徹覺得邦迪是個聰明能幹的年輕人，就邀請邦迪在自己手下工作。後來弗萊徹競選失敗了，邦迪只好重新找工作。

邦迪找了一份業務的工作，憑藉英俊的外表和幽默的談吐，邦迪得到了許多女顧客的喜愛，成功賣出了許多東西。

不久之後，邦迪結婚了，他的妻子雖然離過婚還有一個女兒，但卻漂亮而富有。在妻子的支持下，邦迪重返校園讀書，他開始攻讀心理學。在校期間，邦迪深受教授喜愛，還曾救過落水兒童。

畢業後，邦迪想繼續深造，就向法學院提交了申請。由於申請沒通過，邦迪只能暫時在一家醫院裡做心理顧問。根

據病人們的反映，邦迪有一副和善面孔和一副冷酷的面孔，經常會辱罵和威脅病人。

1969年，邦迪一邊申請進入法律學校，一邊積極地參與共和黨的選舉活動。政治活動讓邦迪認識了州長，他很快成為州長的心腹。州長參加競選時，邦迪出了不少主意。在州長成功連任後，就給邦迪介紹了一份在西雅圖市犯罪預防委員會的工作。

1973年，邦迪在州長的推薦下成為加州共和黨主席的競選助理。在一次共和黨會議上，邦迪與初戀情人史蒂芬妮相遇。此時的邦迪自信又成熟，成功引起了史蒂芬妮的注意，兩人舊情復燃。史蒂芬妮非常看好邦迪，她甚至認為邦迪會成為一個州長，於是史蒂芬妮想與邦迪結婚。

1974年2月，邦迪毫無徵兆地向史蒂芬妮提出了分手。這讓史蒂芬妮既痛苦又困惑。從那以後，邦迪的生活就開始變得混亂起來，他變得越來越暴力。也就是從那時起，西雅圖的女學生開始不斷失蹤和死亡。

■ 打著石膏誘殺年輕女人—泰德・邦迪

■【占有的欲望】

　　提起連環殺手，人們一般會聯想起影視作品和小說中的變態形象。連環殺手要麼有一個悲慘的童年，要麼生活在陰暗的角落裡。總之，連環殺手與普通人是不同的。但邦迪顯然不是這樣，他接受過高等教育，智商中等偏上，還頗具社交技巧，深受周圍人的喜愛和信任。在邦迪被捕後，周圍人都十分吃驚，在大家的心中，邦迪一直是個優秀的年輕人。

　　邦迪在最初作案的時候，顯得十分謹慎，他會花費許多時間和精力來善後，例如將被害人的屍體丟棄在人跡罕至的山中。對於邦迪來說，他十分享受殺人和掌控他人生命的過程，但很討厭和警察周旋，不過他卻不得不採取一些反偵查的措施，只有這樣才能避免被警方抓住。

　　許多連環殺手喜歡主動與警方聯絡，這樣便能吸引媒體的注意。邦迪顯然沒有這種心理，因為現實生活中的邦迪本身就是個輕易能夠引起他人注意的人，他的這種需要被人關注的心理已經得到了滿足。

　　當邦迪第二次從監獄中逃走後，他開始瘋狂地殺戮女性。他不再費盡心思引誘女性，而是直接潛入女生宿舍，他

也不再制定殺人計畫,而是隨意地尋找獵物,甚至不再準備作案工具,隨意拿起什麼就攻擊女性。對於邦迪來說,這種不計後果的殺戮固然會留下許多線索給警方,卻十分過癮。他不用小心翼翼地提防警察,也不用在殺人後大費周章地處理屍體,他可以全身心地享受殺人所帶來的樂趣。

心理學家史蒂芬・米喬(Stephen Michaud)認為,連環殺手通常都是控制欲很強的人,他們用殺人的方式來滿足自己占有的欲望。邦迪就曾表示,殺死那些女人不僅僅是為了滿足內心的暴力需求,而是為了占有。當他親眼看著她們在自己面前死去的時候,會覺得自己完全掌握了對方的生命,會覺得她們成了自己的一部分,此刻邦迪會產生一種身為上帝的感覺。

邦迪曾提到暴力色情雜誌對他的影響。在邦迪 12 歲的時候,他接觸到了色情雜誌。對邦迪來說,色情雜誌並不會讓人犯罪,但如果將色情與暴力結合起來,就會讓人產生十分可怕的幻想。自從接觸了暴力色情後,邦迪就迷上了,他不停地尋找更有力、更細節、更生動的暴力色情文字、圖片和影片,這讓他覺得很刺激。後來邦迪開始幻想一些暴力色情的畫面,最後他突然產生了付諸實際行動的衝動,似乎只有這樣才能使自己獲得滿足。就這樣,他走上了連環殺手的道路。

■ 打著石膏誘殺年輕女人—泰德・邦迪

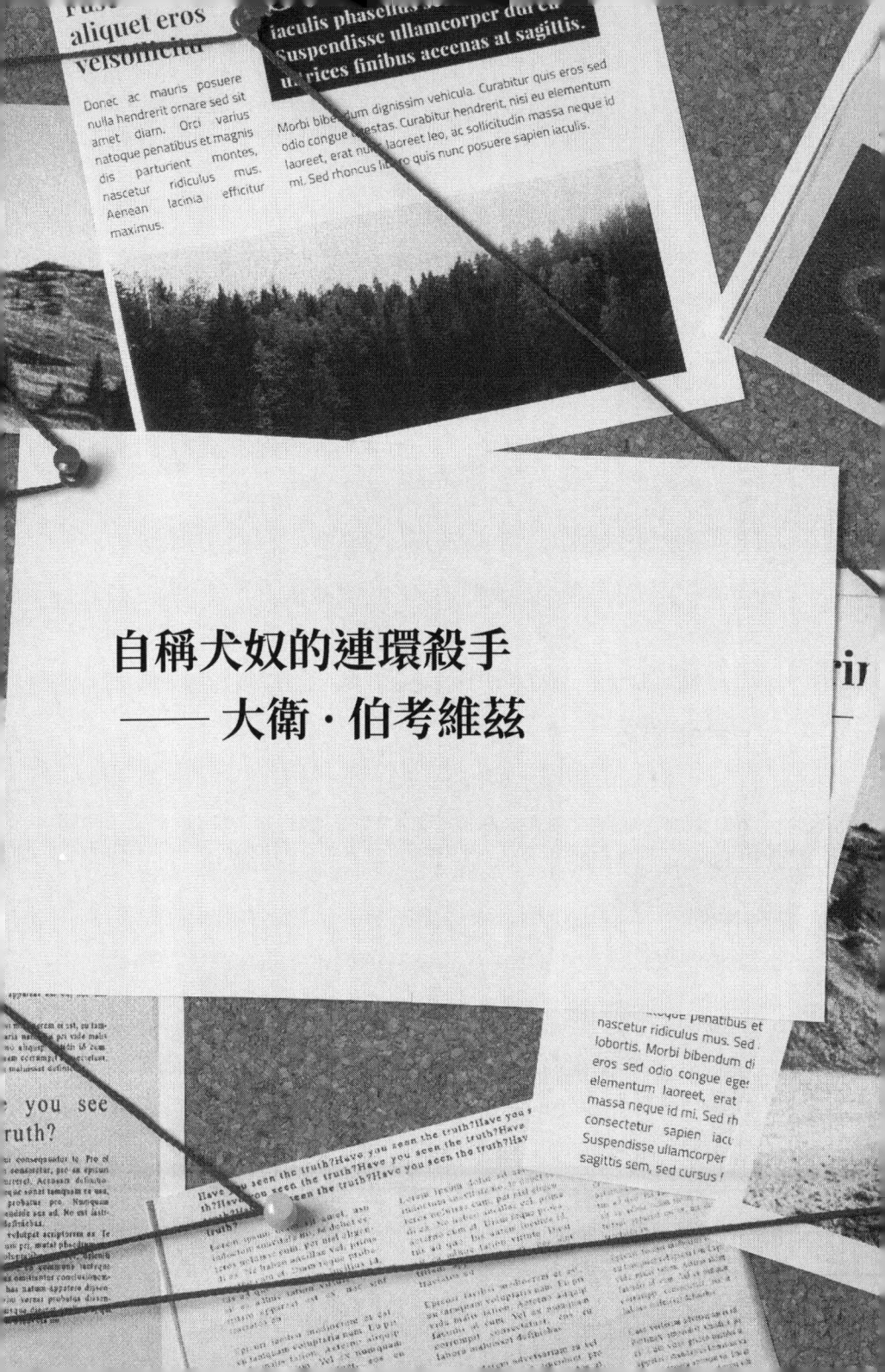

自稱犬奴的連環殺手
—— 大衛・伯考維茲

自稱犬奴的連環殺手——大衛·伯考維茲

1976年7月29日凌晨,紐約布朗克斯區的警方接到報案,勞里亞夫婦18歲的女兒多娜遭到了槍擊。據勞里亞夫婦反映,當天他們與多娜(Donna Lauria)還有19歲的喬迪·瓦倫蒂(Jody Valenti)一起外出吃飯。凌晨時分,他們駕車回到了家,不過多娜與喬迪還想在車裡單獨聊一會兒,於是勞里亞夫婦就先回家了,結果沒過多長時間他們就聽到了槍聲。

警方和救護人員趕到案發現場後發現,多娜的頸部中彈早已身亡,而喬迪的傷在股部,經治療後活了下來。警方在案發現場找到了5枚彈殼,除此之外毫無線索。當時警方只將該案作為一起普通的槍擊案處理,畢竟對於紐約這座大城市來說,槍擊案並不少見。

10月23日凌晨,警方又接到了一起報案,同樣是一起槍擊案,發生在皇后區,受襲的是一對年輕的情侶——卡爾·德納若(Carl Denaro)和羅斯瑪麗·肯南(Rosemary Keenan),幸運的是兩人雖然受了傷,但都沒有生命危險。警方從兩人那裡了解到,在案發時他們正在車裡聊天,一個陌生男子突然出現並朝著他們開槍。

11月26日的深夜,紐約皇后區再次發生了一起槍擊案,遇襲的是兩名年輕的女性,其中一名女性只是被擦傷了表皮,另一名女性的脊椎卻被擊碎了,造成了終身癱瘓。

這3起槍擊案都發生在深夜,而且案發現場的彈殼顯示

凶器是同一把手槍,警方不得不將這3起槍擊案連繫在一起,並認為這很可能是一系列黑幫襲擊案件。

1977年1月30日的凌晨,第四起相似的槍擊案在紐約皇后區發生,遇襲的是一對年輕的情侶——克莉絲蒂娜·弗倫德(Christine Freund)和約翰·迪爾(John Diel)。約翰只是被子彈擦傷了,但克莉絲蒂娜的傷勢卻很嚴重,子彈擊中了她的要害,雖然被送到醫院搶救,但還是沒能保住性命。約翰告訴警方,在案發時他與克莉絲蒂娜正準備去一家舞廳,正走著突然跳出一個陌生的男子朝他們開槍,連開了幾槍後,男子便逃走了。相似的槍擊案以及來自同一把手槍的彈殼,讓警方意識到這一系列槍擊案的凶手極有可能是個連環殺手,專在深夜作案。

3月8日的傍晚,一名女學生在回宿舍的途中被人槍殺。根據案發現場的情況,警方推斷凶手距離被害人應該非常近,當時被害人看著瞄準自己頭部的槍口十分害怕,還企圖用手中的書去擋著槍口,但子彈還是穿過書擊中了她的頭部。

4月17日的凌晨3點,布朗克斯區又發生了一起槍擊案,案發現場距離多娜遇襲身亡的地方十分接近。遇襲的是一對情侶,其中一人當場斃命,另一個人在被送到醫院後因搶救無效死亡。這一次,警方除了找到與之前案件相同的子

自稱犬奴的連環殺手——大衛・伯考維茲

彈外，還找到了一封信，這是凶手特意留給警方的。

在信中，凶手自稱是「山姆之子」（Son of Sam）。他說自己的父親名叫山姆，是一個嗜血的怪物，他從小就被父親囚禁和虐待。現在老山姆雖然老了，但自己還是被他控制著，因此才來槍殺無辜者，好為老山姆收集血液。

5月30日，紐約日報的一位專欄作家與警方取得了聯絡，因為他收到了「山姆之子」的來信。信中，「山姆之子」表示自己殺人就是為了幫老山姆收集血液，在收集到足夠的血液之前，他的殺戮不會停止。信的結尾處，「山姆之子」向警方留下了一句話：「在7月29日那天警察會做些什麼呢？」這顯然是一種挑釁，畢竟多娜就是在去年的7月29日被凶手開槍打死的。不過警方也很擔心凶手會在今年的7月29日再製造一起槍擊案。

為了防止槍擊案的再次發生，警方派出了大量的警力在夜晚巡邏，同時警告市民們夜晚盡量減少外出。7月29日那天，紐約並未發生槍擊案。

就在警方稍有鬆懈的時候，31日，布魯克林區發生了槍擊案。受襲的一對情侶都被子彈擊中了頭部，其中一人因搶救無效死亡，另一個人雖然保住了性命，但左眼卻失明了，剩下的右眼也只有80%的視力。

之後的很長一段時間內，警方都未接到槍擊案的報案，

「山姆之子」似乎消失了，不過這也給了警方足夠的時間來分析這一系列槍擊案。顯而易見，凶手是個連環殺手。據一名倖存者反映，凶手的射擊姿勢很特殊，這讓警方懷疑凶手很可能受過專業的射擊訓練，甚至可能是警方的內部人士。此外警方還根據目擊證人和倖存者的描述，大致了解了凶手的身高和年齡。但這些線索根本無法幫助警方將凶手抓住。

不過凶手卻不甘寂寞，他居然又寄了一封信給警方。信中凶手依舊自稱是「山姆之子」，還說自己被惡魔附身了。這讓警方懷疑凶手可能是個精神病患者，而且應該患有妄想型思覺失調症。於是警方很快對精神病患者展開了排查，結果卻一無所獲。後來警方又從目擊者那裡了解到，凶手開著一輛福斯汽車。於是警方再次展開排查工作，結果依舊令人失望。警方甚至還派出了一些警察假扮戀人，在凌晨時分出現在案發現場附近，期望能遇到凶手，結果同樣毫無所獲。

其實早在 1977 年 6 月 10 日，史蒂芬・卡爾就向警方提供了一個重要嫌疑對象 —— 大衛・伯考維茲（David Richard Berkowitz）。在當天，一個名叫傑克的男人拿著一封信和一張德國牧羊犬的照片找到了史蒂芬的父母。原來傑克收到了一封莫名其妙的信，而寄信人則是卡爾夫婦。卡爾夫婦也覺得很奇怪，他們從未寄出過這樣一封信。不過當他們看到那張德國牧羊犬的照片後，立刻想起了一件奇怪的事。

自稱犬奴的連環殺手——大衛·伯考維茲

卡爾夫婦的愛犬就是德國牧羊犬，不久前被陌生人用槍打傷了。其實不只卡爾夫婦的牧羊犬，就連鄰居的牧羊犬也受了槍傷。在愛犬受傷前，卡爾夫婦曾收到過兩封匿名信，寫信人抱怨他們的牧羊犬叫聲很令人討厭。

當史蒂芬看到傑克拿來的信和牧羊犬的照片後，立刻想起了伯考維茲，他曾租過自己家裡的房子，還抱怨過狗叫聲。於是，史蒂芬和卡爾夫婦就報了警，他們還將匿名信交給了警方。雖然匿名信上的字跡與警方收到的「山姆之子」的信件十分相似，但無法僅憑此來證明伯考維茲就是凶手。

1977年8月，一名目擊者與警方取得了聯絡，她告訴警方在聽到槍響之前曾看到一名男子拿著槍，她還看到一個警察在男子的車上貼了一張停車罰單。這是一條十分重要的線索，警方在翻閱停車罰單時發現了伯考維茲的名字，這說明案發時伯考維茲曾在現場出現過。

於是警方將伯考維茲作為重要嫌疑人開始展開調查。調查的結果讓警方更加懷疑伯考維茲：伯考維茲的體貌特徵與凶手十分相似；他曾當過保全，會熟練使用手槍。於是警方立即申請逮捕令，抓捕伯考維茲。看到警察時，伯考維茲沒有反抗，也不吃驚，只淡淡地說了一句話：「怎麼這麼久才找到我？」警方在他的住所搜到了一把半自動步槍，後來伯考維茲向警方承認自己正在尋找下一個襲擊的目標。

在之後的調查中，警方發現他們一直被伯考維茲的信件給誤導了。伯考維茲從未被父親虐待過，所謂的老山姆不過是伯考維茲根據房東山姆·卡爾（Sam Carr）的名字編造的。

在審訊過程中，伯考維茲企圖讓警方相信他是個精神病，他聲稱自己是個犬奴，被鄰居家的拉布拉多所控制，那條狗體內是一個古代惡魔的靈魂，而他不得不聽從牠的指令去殺人，他也曾試圖反抗過，比如朝狗射擊，卻失敗了，他不得不繼續做狗的奴隸。

在法庭上，伯考維茲也是同樣的說辭。伯考維茲說自己在一天夜裡被狗叫聲吵醒，感覺狗叫聲是對自己的一種召喚，它發出命令，讓自己去殺人。後來他覺得做犬奴是對他的一種羞辱，憤怒之下伯考維茲就搬走了。然而新鄰居家也養了一條狗，是一條黃色的拉布拉多，只要一看到他就狂吠不已，伯考維茲覺得那是狗在朝著自己這個奴隸下達殺人的

自稱犬奴的連環殺手—大衛・伯考維茲

命令。不過陪審團卻根本不相信這個自稱是犬奴的連環殺手,最終伯考維茲被判處 365 年監禁。

1953 年 6 月 1 日,伯考維茲出生於美國紐約市的布魯克林區。伯考維茲的母親是個未婚女子,父親則是個有家室的男人。當生父得知自己的情人懷孕了以後,就勸她去做流產手術。但母親堅持將伯考維茲生了下來,並替他取名為理察・大衛・凡爾克(Richard David Falco),凡爾克是伯考維茲生父的姓氏。

出生後一週,理察被伯考維茲夫婦收養,他們給了理察一個新的家庭和新的名字——大衛・伯考維茲。伯考維茲夫婦十分疼愛養子,甚至有些溺愛。由於養父母不喜歡社交活動,這讓伯考維茲變得有些自閉,他幾乎沒什麼朋友,一直生活在自己的世界裡。

後來,養父母告訴伯考維茲,他是被收養的,他的生母因難產而死。這讓伯考維茲既內疚又憤怒,再加上他一直有種強烈的自卑心理,從而導致伯考維茲更加排斥養父母和這個家庭。

據學校老師反映,伯考維茲雖然在任何學科上都沒有表現出天賦,卻十分擅長棒球運動。而在鄰居看來,伯考維茲是個精力旺盛的孩子,很喜歡恃強凌弱。

14 歲時,伯考維茲遭受了一次重大的打擊,他的養母因

乳癌去世了。伯考維茲將養母的死歸結到自己身上，每天都沉浸在悲傷和自責之中，他覺得自己是個被上帝拋棄的可憐人。伯考維茲開始逃學，不和任何人交流。

4年後，伯考維茲的養父再婚了，伯考維茲與這位名義上的母親相處得並不愉快。很快，養父和他的妻子就離開了紐約，搬到佛羅里達州定居。這下，伯考維茲成了孤家寡人，他感覺自己被徹底拋棄了。

後來伯考維茲決定報名去參軍。3年的軍營生活對伯考維茲這個性格內向的男人來說十分痛苦，他總是被欺辱和虐待。

1974年，退役的伯考維茲回到了紐約。對於伯考維茲這樣孤獨的人來說，他的歸屬感需求十分強烈，於是他開始調查自己的生母。調查的結果讓伯考維茲驚喜不已，因為他的生母不僅活著，他還有一個妹妹。原來伯考維茲的生母後來結婚了，並生下了一個女兒。

千辛萬苦之下，伯考維茲終於與生母取得了聯絡。親情的確給伯考維茲帶來了一些快樂，但這種快樂十分短暫，他很快就厭倦了，他不再去看望自己的生母和妹妹，又開始了一個人離群寡居的生活。

由於伯考維茲性格內向，他的人際關係十分糟糕，同事們經常奚落他。為了發洩自己的不滿，伯考維茲買了一把手

自稱犬奴的連環殺手——大衛‧伯考維茲

槍，經常跑到垃圾場進行射擊練習。此外，伯考維茲還總是縱火。

後來，伯考維茲和一名妓女發生了性關係，這是他的第一次性經驗，也是唯一的一次。但這次的性經歷卻很糟糕，因為他染上了難以啟齒的性病，這讓他十分憎恨女性。在1975年的聖誕節前夜，伯考維茲犯下了自己的第一案。

據伯考維茲的供述，那天他揣著一把軍用匕首上了街，然後扎傷了兩個女人。警方在尋找相似的案件時，找到了一個15歲女孩蜜雪兒‧夫曼的遇襲案，她被一名陌生男子刺了6刀，幸運地保住了命。

在伯考維茲被捕之前，警方一直誤以為凶手是個專找年輕情侶下手的連環殺手。但實際上，伯考維茲的目標只是年輕女子，他憎恨女人，其中的緣由既有他的生母，也有讓他感染性病的妓女。

起初伯考維茲槍殺年輕女子或情侶只是為了發洩，當他發現紐約的各大報刊都在爭相報導自己製造的槍擊案時，他居然覺得很滿足，他非常享受這種被關注的感覺。在伯考維茲被捕入獄後，他成了媒體和出版人追捧的對象，這讓他心花怒放。他十分享受這種出名的感覺，並且希望自己能一直被人們關注。

為此，政府還專程制定了「山姆之子法案」，該法案規

定出版商不得付給罪犯報酬，從而出版相關的犯罪題材的書籍。不過如果出版商能夠保證將 5 年內獲得的盈利都用於補償被害人或被害人家屬，那麼就不用受「山姆之子法案」的約束。

1979 年，獄中的伯考維茲差點被人殺害。獲救後，警方希望伯考維茲能指認行凶的人，不過伯考維茲並未配合警方的工作。

1987 年，伯考維茲對外宣稱他決定放棄「山姆之子」的稱號，他現在是「希望之子」，是一名忠誠的信仰者，因為他不用再被惡魔所控制。後來，伯考維茲獲得了一次假釋的機會，不過他放棄了，他表示自己的罪惡還沒有洗清，得繼續在監獄裡接受懲罰。

2005 年，伯考維茲向監獄方提出了面見律師的要求。在與律師胡戈・哈瑪茲見面後，伯考維茲說他決定將自己的信件和其他個人物品都交給出版商，希望出版商能為他出版一部自傳，所得利潤的一部分必須得交給那些被害人。

2012 年，伯考維茲開始撰寫個人回憶錄。在回憶錄中，伯考維茲提到了自己的信仰，他說有信仰確實為他的人生帶來了不可思議的影響。伯考維茲的回憶錄賺了不少錢，不過他將所有的錢都捐給了紐約犯罪被害人基金會。他也因此受到了媒體的廣泛關注。

自稱犬奴的連環殺手—大衛・伯考維茲

■【偽裝的精神病者】

　　許多連環殺手在童年時期都會有三個特徵：玩火、尿床、虐待小動物。這些特徵伯考維茲都有。首先是尿床的問題，伯考維茲的養母健康狀況很糟糕，這導致她情緒不穩定，對待伯考維茲的態度時好時壞，這讓年幼的伯考維茲長期處於不安的情緒中，他也因此有尿床的問題。其次是虐待動物，伯考維茲會將阿摩尼亞倒進魚缸中，然後欣賞魚漸漸死去的樣子；他還曾將強酸潑到小鳥身上，看著小鳥痛苦掙扎直至死亡。長大後，伯考維茲開始殺人，並因此獲得性高潮。最後伯考維茲也很喜歡玩火，成年後他成了一名縱火狂，曾在紐約市縱火超過兩千次。

　　在伯考維茲的內心深處，他一直憎恨著自己的生母和妹妹。生母在他一週大的時候拋棄了他，而妹妹則從小享受著母親的關愛，妹妹比他得到了更多的疼愛。不過當時伯考維茲並未意識到自己對女人的憎恨，直到他因一名妓女染上了性病，從那以後他就患上了性功能障礙。這件事情成了伯考維茲憎恨女性和瘋狂作案的導火線。後來伯考維茲發現自己在槍殺女性時，居然能正常勃起。

　　伯考維茲作案後會留下信件，甚至還主動寫信給警方。

他這麼做固然會增加自己被捕的風險,卻能帶給他極大的滿足感。他渴望被關注,十分喜歡看到自己的名字登上報紙的頭版頭條。這是一種極度自戀的表現,在連環殺手中十分常見。

如果一個人在童年時期遭受了遺棄或虐待,沒有獲得應有的關愛和重視,他就會產生一種無能感,於是渴望外界的關注,渴望成名。

被捕後,伯考維茲一直聲稱自己是在「惡魔之犬」的驅使下去犯罪的,不過後來他承認,這些都是他捏造的。許多罪犯都會像伯考維茲一樣偽裝成精神病人,例如宣稱自己總會聽到無法抗拒的聲音,自己的犯罪是被迫進行的,根本不受自己控制。這是因為在絕大多數國家的法律規定中,想要進行無罪辯護,精神病是一個相當重要的理由。精神病患者不僅可以免去死刑,還能避免到監獄服刑。畢竟監獄的環境通常很糟糕,像伯考維茲就差點死在了獄友的手上。

為了防止罪犯像伯考維茲一樣偽裝成精神病患者逃脫法律的制裁,精神病醫生有一整套的測試專門針對「裝病者」。

首先,精神病醫生會對罪犯的背景進行一番調查。如果一個人真的有精神病,一定會有住院紀錄,畢竟精神病不是一朝一夕就能患上的。幻聽是罪犯慣用的伎倆,例如伯考維茲就說自己能聽到「惡魔之犬」的聲音。幻聽的症狀通常會出

自稱犬奴的連環殺手——大衛・伯考維茲

現在思覺失調症患者的身上,但大多數患者的幻聽都是良性的,像伯考維茲所描述的「強迫性幻聽」不僅少見,更難以導致暴力行為的出現。而且絕大多數的思覺失調症患者由於常年被幻聽所困擾,所以他們會選擇特定的方式讓自己避免被幻聽所干擾,例如看電視或運動。

其次,精神病醫生會了解罪犯的犯罪現場報告,如果罪犯在犯罪時懂得反偵查技巧,例如擦去指紋、藏匿武器,那麼就說明他的精神狀況是正常的。伯考維茲就十分懂得與警方周旋,不然他不會接連犯案而成功逃脫警方的調查,此外他在冒險寫信給警方的時候也沒有被抓住,這根本不像一個精神病患者所為。

最後,精神病醫生會和罪犯進行閒聊式的面談,通常會故意拖延時間,並且多次進行面談。偽裝成精神病的罪犯自然知道精神病醫生和自己面談是為了發現自己的破綻,於是他會十分警惕。但這種警惕無法長時間地維持,在長時間的閒聊中,罪犯會變得疲勞起來,從而露出「破綻」。

嚇得小孩子不敢出門
—— 韋恩・威廉斯

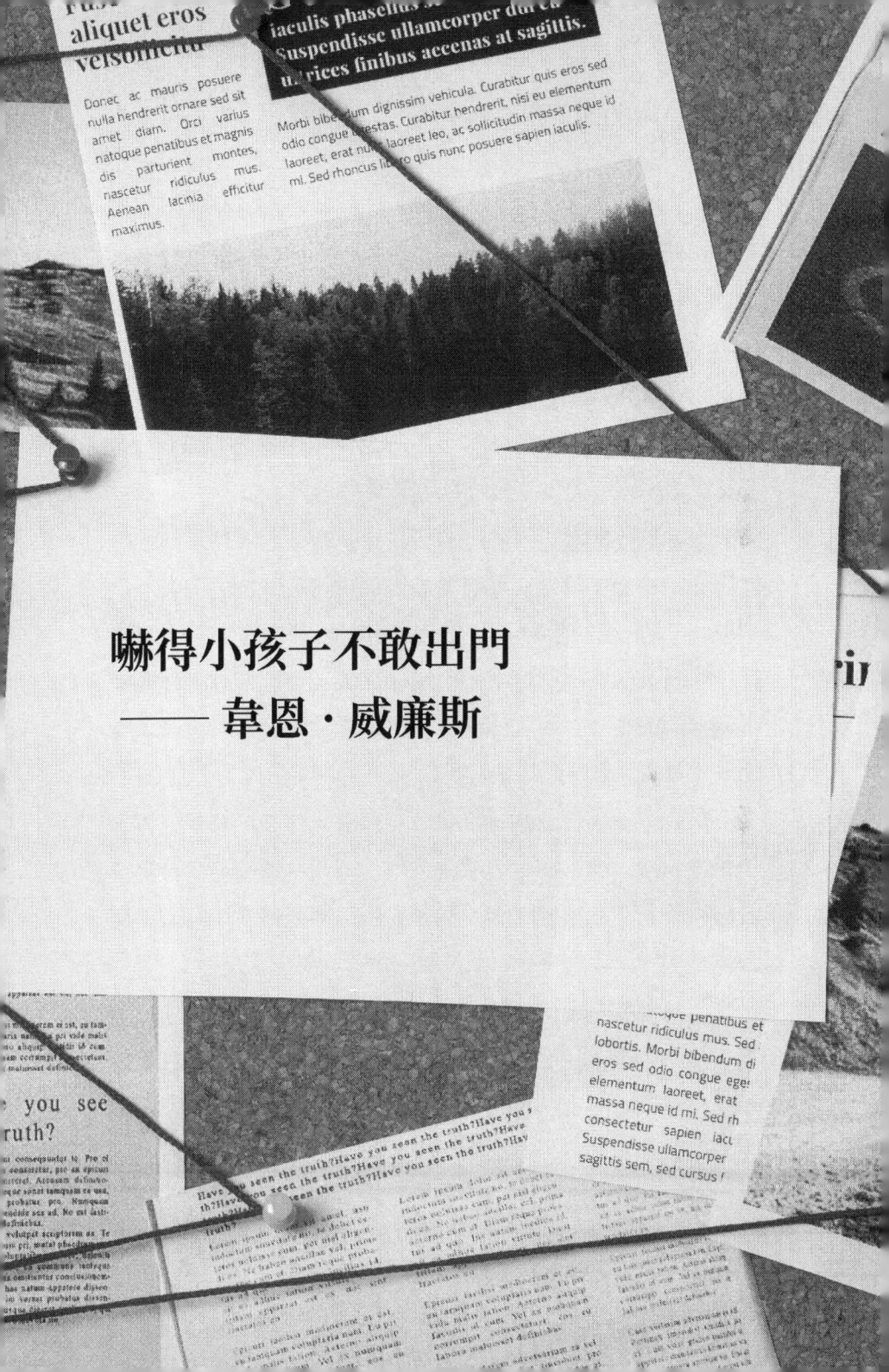

嚇得小孩子不敢出門—韋恩‧威廉斯

1979年6月，亞特蘭大西南部的一個貧民區接連發生了兩起兒童失蹤案。最先失蹤的是愛德華‧史密斯（Edward Hope Smith），是個14歲的少年，4天後同齡的阿爾弗雷德‧埃文（Alfred Evan）也失蹤了。6月28日，一名黑人婦女在一處樹林裡撿易開罐的時候發現了兩具少年的屍體，後經證實死者正是失蹤的愛德華和阿爾弗雷德。

愛德華的屍體上身赤裸著，下身穿著一條長褲，背部有一處致命的槍傷，愛德華顯然是被人開槍打死的，凶器為一把口徑為22公釐的手槍。另一名被害人阿爾弗雷德是窒息而死，法醫沒有在他的身上發現明顯傷痕，他死前應該沒有進行過激烈的掙扎，與愛德華一樣，阿爾弗雷德被發現時，身上只穿著一條長褲。

警方在進行調查時，接到了一通匿名報案電話，對方說他曾看到阿爾弗雷德槍殺了愛德華，阿爾弗雷德則是被另一名男孩給勒死的。當時警方並未重視這兩起案件，只推測兩名被害人死於毒品交易，因為兩人均有吸毒的歷史。

這其實是亞特蘭大系列兒童謀殺案的開始，愛德華和阿爾弗雷德都是被這名恐怖的連環殺手所害，該連環殺手由於作案頻繁、手段殘忍，在當地引起了巨大的恐慌，許多少年兒童都被嚇得不敢出門，家人們也都十分擔心孩子們的安全。

當時的亞特蘭大正處於犯罪率不斷增長的特殊時期，是美國最危險的城市之一。1970年代的亞特蘭大成了美國重要的交通樞紐，經濟飛速發展，黑人的數量也隨之快速增長，超過了白人，但黑人所擁有的財富並未增加，這導致黑人們越來越貧困，對白人和社會充滿了仇恨，直接導致了犯罪率激增。

　　1979年9月4日，14歲的少年米爾頓・哈維（Milton Harvey）失蹤。米爾頓失蹤前一直和父母居住在貧民窟，父母為了讓他接受更好的教育，在不久前帶著他搬到了亞特蘭大市西北部的中產階級社區居住。

　　新的校園環境對米爾頓來說十分陌生，在遭到同學們的嘲笑和羞辱後，米爾頓一氣之下跑出了學校，騎著腳踏車離開了。之後，米爾頓就失蹤了，他的父母找遍了米爾頓能去的所有地方，都未發現他的蹤跡，於是就報了案。

　　幾個星期後，哈維夫婦接到警察局的電話，有人找到了米爾頓的腳踏車。直到米爾頓失蹤兩個月後，他的屍體才在距亞特蘭大很遠的地方被人在一個垃圾堆裡發現。法醫對米爾頓的屍體進行檢查後並未發現明顯傷痕，沒有證據、沒有目擊者的案件，警方只能暫時將其擱置起來，當時警方也並未將米爾頓的死與之前兩起兒童遇害案連繫起來。

　　1979年10月21日，9歲的優素福・貝爾（Yusuf Bell）

■ 嚇得小孩子不敢出門—韋恩・威廉斯

失蹤，失蹤前他答應鄰居去附近的商店幫著買東西。警方在調查時，一位附近的居民說他曾看到優素福上了一輛藍色汽車，司機看起來是優素福母親的前夫。警方立刻找到該男子，但調查一番後排除了他的嫌疑。

優素福的母親為了盡快找到兒子的下落，向媒體求助，公開懇求綁架者能放過她的孩子。媒體的介入使得優素福失蹤案得到了許多人的關注，但警方的調查工作依舊進行得十分緩慢。

11月8日，警方接到一通報案電話，有人在一所廢棄小學裡發現了一具兒童的屍體，屍體就藏在混凝土的縫隙之中。後經證實死者正是優素福，他的身上纏繞著膠帶，死因是窒息，應該是被凶手用手掐死或用繩子勒死。此外優素福的腳上沒有穿鞋子，但卻很乾淨，凶手還清理了他的雙腳。警方依舊沒有將優素福遇害案與之前的案件連繫起來，這使得凶手更加大膽。

優素福遇害激起了黑人對政府、警方的不滿，他們譴責政府和警方對黑人的種族歧視，絲毫不重視黑人社區發生的兒童暴力事件。為了平息眾怒，當地政府不僅為優素福舉辦了一場隆重的葬禮，亞特蘭大市的市長還出席了葬禮，市長在葬禮上承諾，政府一定會重視起黑人兒童的安全，會全力對發生的兒童暴力事件進行調查。優素福的母親和黑人們都

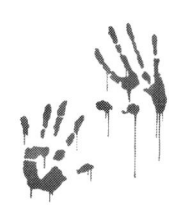

不相信市長的承諾，凶手也沒有理睬市長的承諾，在沉寂了一段時間後很快再次作案。

1980年3月4日，就在人們以為凶手收手時，12歲的安潔兒・列尼爾（Angel Lenair）在下午放學回家的路上失蹤，她的母親在女兒失蹤後立刻報了警。

6天後，有人在一處樹林中發現了安潔兒的屍體，她被凶手綁在樹上，雙手被電線捆綁著，脖子處有一根電線，嘴巴裡還被塞了一條白色的短褲（不是她本人的）。法醫的屍檢報告顯示，安潔兒死於窒息，被凶手用電線勒死，屍體上有被性虐待過的痕跡，不過並未遭受性侵害。

與之前的被害人不同，安潔兒是個女孩，警方開始懷疑殺害安潔兒的凶手到底是不是同一個人，警方一直以為凶手只找男孩下手。

1980年3月11日晚上，正在為案件苦惱的警方又接到了一起兒童失蹤案，報警者是位母親，她的兒子傑佛瑞（Jeffery Mathis）在去商店購買香菸的途中失蹤。傑佛瑞失蹤後，他的母親和哥哥先到街上找他，怎麼也找不到後只能選擇報警。

在警方調查的過程中，傑佛瑞的朋友說，他曾看到過傑佛瑞上了一輛藍色的別克汽車。十幾天後，警方接到一通匿名男子的電話，他說在報紙上看到傑佛瑞失蹤的消息後立刻

嚇得小孩子不敢出門—韋恩‧威廉斯

想起了一個可疑的白人男子,當時他開著一輛藍色的汽車,用槍威脅傑佛瑞並帶走了他。

幾週後,傑佛瑞所在學校的校長找到了警方,他從兩名學生那裡得知,傑佛瑞失蹤前有個開著藍色汽車的男子試圖將他們誘拐走,不過警方並未重視起校長所提供的線索。

1980年5月19日早上,有人在一輛腳踏車旁發現了一個黑人少年倒在血泊裡。這名少年早已沒了生命跡象,他的頭部右側被鈍器所傷,留下了兩處十分嚴重的割傷,造成了嚴重的出血和顱內出血;他的右臂和左胸處分別有嚴重的刺傷。後來警方確認死者是14歲的艾瑞克(Eric Middlebrooks),是一對夫妻的養子,他4個月大時被生母遺棄,至於生父是誰沒有人知道。

據艾瑞克的養母提供的情況,在昨天晚上,艾瑞克接了一通電話後,就匆忙拿著自己修車的工具出門了,臨走前還對她說自己要去修車。警方推測,艾瑞克極有可能目睹了一次搶劫,然後被滅口,只是這個推測並沒有相應證據的支持。

1980年6月9日晚上,當地又出現了一起失蹤案,12歲的少年克里斯多福(Christopher Richardson)失蹤了。失蹤前的中午,克里斯多福向祖父母報告了自己的行蹤,他準備去社區游泳中心。之後,克里斯多福再也沒有回家。

1980年6月22日，7歲的拉托尼亞·威爾遜（LaTonya Wilson）在自己家中被人擄走，失蹤的拉托尼亞凶多吉少，極有可能已經遇害。警方從一個女鄰居那裡得知，拉托尼亞失蹤的當天，曾有一名黑人男子翻進了威爾遜的家，之後悄無聲息地拐走了拉托尼亞。警方覺得女鄰居的話有一個漏洞，因為如果有人想要進入拉托尼亞的房間就必須經過他父母的房間，這個過程中拉托尼亞的父母不可能毫無察覺。直到10月分，拉托尼亞的屍體才被發現，只是他的屍體腐爛嚴重，法醫無法確定他是否遭受過性侵害。

　　從1979年6月起，在亞特蘭大發生的所有兒童失蹤遇害案都有一個共同點，即被害人都是黑人，而且頻繁發生的黑人兒童失蹤遇害案並未得到警方的重視，這讓許多黑人十分憤怒，尤其是有孩子的母親，他們為了盡快督促警方將凶手抓捕歸案，開始透過媒體向警方施加壓力。

　　很快，亞特蘭大又發生了一起兒童失蹤案，失蹤者是個10歲的男孩，名叫艾倫·威奇（Aaron Wyche）。在艾倫失蹤的第二天，有人在一座高架橋下發現了艾倫的屍體。屍檢結果顯示，艾倫的脖子扭斷了，從而導致了窒息死亡。由於艾倫屍體的發現地在高架橋下面，因此警方推斷艾倫可能不小心從高架橋上摔下扭斷了脖子。但據艾倫的父母反映，艾倫有十分嚴重的懼高症，不會主動到高處去，更別說去高架橋

嚇得小孩子不敢出門—韋恩‧威廉斯

了。也就是說，艾倫是被人蓄意謀殺，而非警方所說的意外事故。

1980年7月7日，有人在一個倉庫後面發現了一具男孩的屍體，他的身上有十分嚴重的刀傷，顯然是被人刺死的。後經證實，死者正是前一天失蹤的9歲男孩安東尼‧卡特（Anthony Carter）。

4天後的晚上，警方接獲一起綁架案通報，一對夫婦告訴警方，他們11歲的兒子艾爾（Earl Terrell）被人綁走了，他們還接到了綁匪的電話，綁匪向他們索要200美元。警方還從這對夫婦那裡了解到，在艾爾失蹤的當天，他和朋友相約一起到公園游泳，一直到晚上都沒有回家。後來警方才意識到這並非一起普通的綁架案，因為艾爾的父母再也沒有接到過綁匪的電話，艾爾極有可能已經遇害。

到了1980年9月，亞特蘭大遇害的黑人兒童越來越多，政府再也受不住公眾的壓力，市長決定向美國聯邦調查局尋求幫助。

不久，亞特蘭大又發生了一起兒童失蹤遇害案，死者是一名13歲黑人兒童，名叫克里福德‧瓊斯（Clifford Jones），在去看望祖母的途中失蹤。後來，有人在一個垃圾桶裡發現了瓊斯的屍體，他身上穿著紅藍上衣和白色網球鞋，但都不是他自己的衣物，而且他沒有穿內褲。屍檢結果顯示，瓊斯

脖子處有明顯勒痕，口腔裡還有一些瘀青和刀傷。

目擊證人告訴警方，洗衣房經理詹姆斯曾襲擊過瓊斯。警方立刻對詹姆斯進行了調查，詹姆斯經常參加同性戀派對，應該是個同性戀。詹姆斯告訴警方，他的確和瓊斯見過面，但他並不是殺死瓊斯的凶手。測謊測試結果顯示，詹姆斯沒有說謊。由於警方沒有充足的證據起訴詹姆斯，就放走了他。

與此同時，FBI派來了兩名非常擅長進行連環殺手心理側寫的探員，一位叫約翰・道格拉斯（John Douglas），另一位叫羅伊・哈澤伍德（Roy Hazelwood）。這兩位FBI探員在研究了這一系列兒童遇害案後，提出了完全不同的看法，他們認為凶手是個黑人。在此之前，外界都懷疑凶手來自「白人至上」這個特殊的團體。

約翰和羅伊認為，大部分失蹤者都居住在黑人貧民窟，這裡的犯罪率很高，一般情況下白人不會主動來這裡，更別提誘拐黑人小孩，而且白人在這裡出現一定會引起黑人住戶的注意。凶手的拋屍地點都相當隱蔽，如果是「白人至上」團體的成員，他會將屍體扔到公共場所，這樣才能引起媒體和公眾的注意。

更關鍵的是，有不少目擊者都看過被害人上了一輛藍色汽車，只有司機是黑人，被害人才可能被引誘上車；如果司機是白人，那被害人的警惕性會立刻提高，不會輕易上當。

嚇得小孩子不敢出門—韋恩・威廉斯

兩名 FBI 探員來到亞特蘭大後，當地又發生了一起兒童失蹤案，失蹤者是 10 歲的達倫（Darron Glass），他在 1980 年 9 月 14 日失蹤。警方在剛接到失蹤報案時，並未立刻展開調查，因為達倫經常離家出走，過段時間後會主動出現在家裡，只是這次達倫再也沒有出現過。

二十多天後，當地又發生了一起兒童遇害案，死者名叫查爾斯（Charles Stephens），他的屍體被凶手丟棄在停車場，身上只穿著一條藍色牛仔褲和一隻網球鞋。屍檢報告顯示，查爾斯死於窒息，脖子處沒有勒痕，可能是被凶手悶死的。

第二天，警方從一個毒販那裡了解到，查爾斯被害前曾和一個男人待在一輛車上，毒販只知道那個男人是個戀童癖，經常引誘兒童。不過他並不認識那個男人，也不知道對方的名字。

之後，亞特蘭大的警方沒有再接到兒童失蹤、遇害的報案，凶手似乎停止了作案。但 FBI 的兩名探員卻認為凶手是個連環殺手，不可能突然停手，要麼是生病了，要麼是因其他罪名被關進了監獄。

就在所有人都鬆了口氣的時候，1981 年 3 月，亞特蘭大開始出現連環成人遇害案，第一名被害人是個名叫艾迪・鄧肯（Eddie Duncan）的 21 歲成年人。艾迪的屍體被發現時只穿著一件套頭衫，下身赤裸著。據艾迪的一個朋友反映，他失

蹤前說要去幫人做刷油漆的工作，對方提供的報酬很豐厚。警方開始懷疑，之前專找兒童下手的連環殺手改變了對殺人對象的選擇，開始將目標對準了成年的年輕男子。

當時亞特蘭大法醫辦公室的一個工作人員私自接受了記者的採訪，不經意間向記者透露了一條十分重要的消息，法醫在死者艾迪的身上找到了一些凶手的毛髮和纖維，這些可以證明凶手是同一個人。

FBI在得知消息走漏的行為後，十分惱火，不過後來他們立刻想到了一個誘捕計畫。凶手在看到這則新聞後，一定想要毀掉屍體上的證據，將屍體扔到河裡是最好的銷毀證據的方法，因為河水能沖刷掉屍體上的許多證據。於是FBI和警方開始在亞特蘭大的各個橋墩處蹲守，等待凶手主動上鉤。

1981年5月22日的深夜，一名警察在蹲守時發現了一輛可疑的雪佛蘭汽車出現在橋附近，隨後警察就聽到了重物落水的聲音，甚至還看到了飛濺的水花。警察立刻跳出來攔住了這名司機，司機是個黑人，名叫韋恩‧威廉斯（Wayne Williams），個子不高、中等身材，戴著一副眼鏡。

067

嚇得小孩子不敢出門—韋恩・威廉斯

　　面對警方的質疑，威廉斯說他不是凶手，他剛才丟到河裡的只是一袋垃圾，而不是屍體，他還說自己是個音樂人，要去面試一個名叫約翰斯的歌手，他還提供了約翰斯的地址。警察看到威廉斯說得如此具體，就沒有懷疑他，放他離開前，從他車上例行採集了一些毛髮和纖維。

　　後來警方根據威廉斯所提供的地址去調查，卻發現根本沒有名叫約翰斯的歌手，而且兩天後警方在那座橋的下游發現了一名成年男子的屍體。

　　這下，威廉斯成了最大嫌疑人。警方從威廉斯車上所採集到的纖維和毛髮也與死者身上的相吻合。而且警方發現威廉斯養了一條狗，死者身上就有相似的狗毛。在接受審訊時，威廉斯表現得十分有禮貌，但進行審訊的警察卻總覺得他的禮貌讓人不舒服，尤其是他的微笑，看起來皮笑肉不笑，好像很看不起警察。

　　雖然警方懷疑威廉斯就是亞特蘭大兒童殺手，但他們憑藉手中所掌握的證據只能以兩項謀殺罪起訴威廉斯。在法庭上，威廉斯一直聲稱自己是無辜的，是代罪羔羊，真正的凶手是「白人至上」團體派來的，警方為了避免種族戰爭，只能將所有的罪名都推到他身上。再加上威廉斯有著正當的職業、穿著得體且態度誠懇，陪審團的許多成員都認為他是無罪的，他還差點被當庭無罪釋放。最終，威廉斯因兩項謀殺

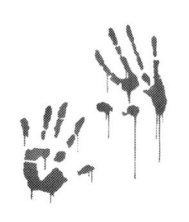

罪被判處了終身監禁。從那以後，亞特蘭大市的連環兒童失蹤遇害案終於結束了。

　　威廉斯出生於 1953 年 5 月 27 日，他的父母都是老師，他從小就對電臺和記者很感興趣，他的父母也很支持他的興趣。在青少年時期，威廉斯就進入一家深受歡迎的電臺工作，並且和他的老闆——一名有影響力的黑人領袖且是全國有色人種協會的主席一起出現在雜誌封面上。16 歲時，威廉斯就在父母的支持下，在家中擁有了自己的音樂廣播電臺，他會利用業餘時間大力推廣自己的電臺和當地的音樂天才。未被逮捕之前，威廉斯在周圍人的心中是一個積極進取、有才華、有夢想的年輕人，看上去完全不可能是個變態連環殺手。

■ 嚇得小孩子不敢出門─韋恩・威廉斯

■【控制他人的遊戲】

　　種種跡象均顯示，威廉斯不可能是個變態的連環殺手，他成長於一個普通的中產階級家庭，父母很尊重他的個人興趣。而且威廉斯在現實生活中是一個事業很成功的年輕人，根本不符合人們對連環殺手的想像。在大多數人的心中，連環殺手就應該是社會的邊緣群體，他們童年悲慘、沒有穩定的工作或慣於盜竊、搶劫，在現實生活中就是徹徹底底的失敗者。

　　但亞特蘭大的連環兒童遇害案的死者們，身上一般都沒有明顯傷痕，這說明他們生前沒有遭受過暴力襲擊，也說明被害人是被兇手誘拐走的。在所有的案件中，有一個案件十分特別，一個名叫拉托尼亞・威爾遜的7歲兒童，他在自己家中被誘拐，而且鄰居看到了一名黑人男子翻進了威爾遜的家，到達拉托尼亞的房間恰好要經過他父母的房間，想要在不驚動父母的情況下誘拐走拉托尼亞，由此可見兇手多麼擅長誘騙，而且他一定很有禮貌，從而使拉托尼亞放鬆了警惕。這些特點都與威廉斯相吻合。威廉斯來自一個中產階級家庭，他很年輕、聰明，而且平常表現得很有禮貌。如果亞特蘭大兒童殺手是個粗魯或年紀較大的男子，那麼他誘拐兒

童的成功率將會大大降低，但亞特蘭大兒童殺手的特點是頻頻得手，在短短的兩年內誘拐並殺害了多名兒童。

　　反社會人格者在人口中占據一定的比例，他們雖然沒有正常的情感經驗，但並不意味著所有的反社會人格者都屬於社會邊緣群體，不少反社會人格者都是現實生活中的成功人士，因為反社會人格者可以透過經商、從政或從事某種職業來獲得控制別人的快感，不單單非得使用肢體暴力來控制對方。對於反社會人格者來說，他的人生樂趣就在於控制他人，這是他一生都在進行的遊戲。

■ 嚇得小孩子不敢出門─韋恩・威廉斯

凶手不止一個
—— 澳洲五起虐殺案

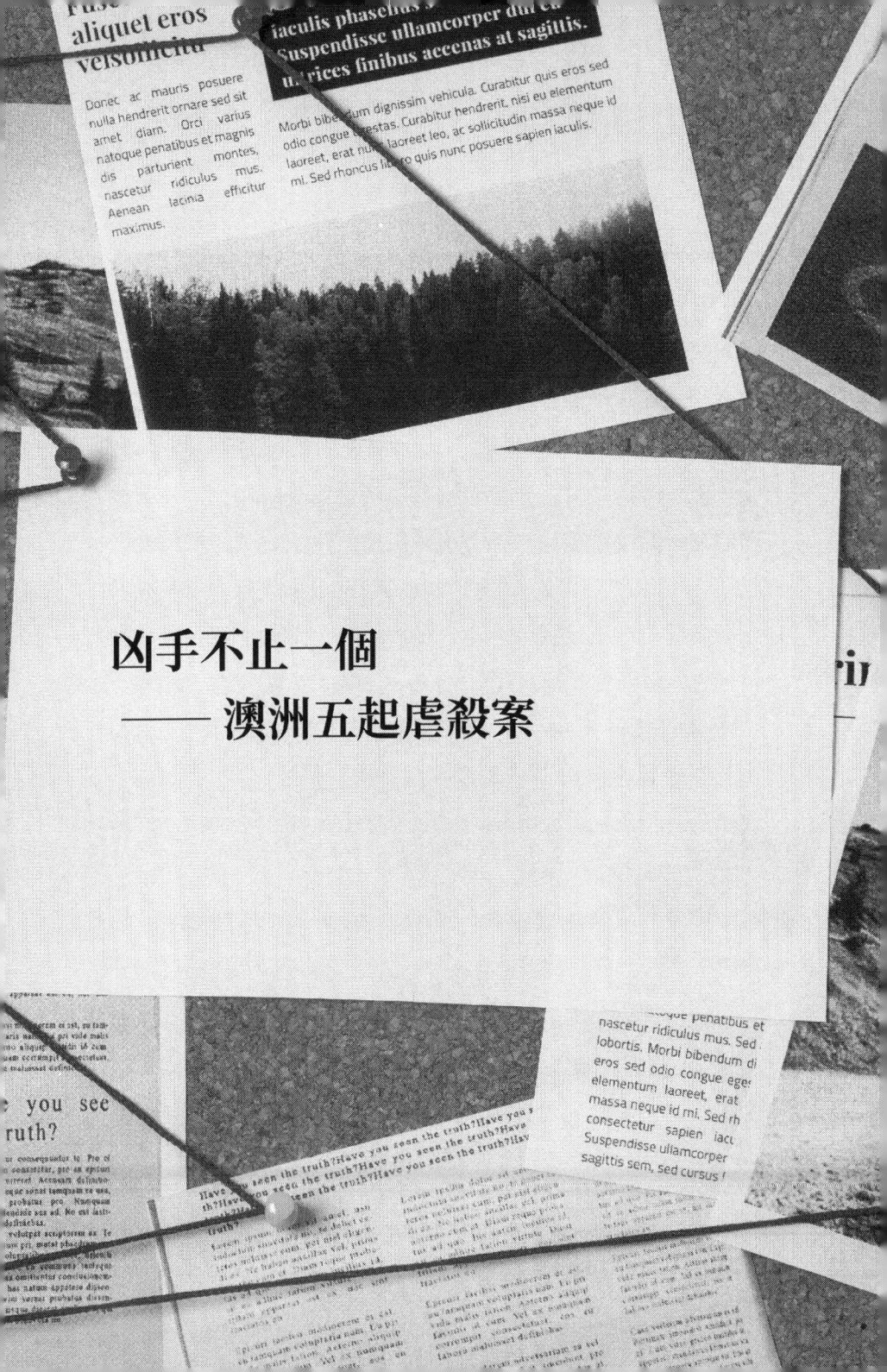

凶手不止一個─澳洲五起虐殺案

　　1979 年 6 月的一天，澳洲阿得雷德的一名 17 歲少年失蹤了。後來，艾倫・巴尼斯（Alan Barnes）的屍體被人在阿得雷德東北部的水庫發現，他的屍體被嚴重肢解。此外，艾倫的屍體上還有被毆打和虐待過的跡象。法醫還在艾倫屍體的血液中發現了一種毒性物質，顯然他曾被人下過毒。

　　警方透過調查從目擊者那裡了解到，艾倫在失蹤前，曾和朋友一起度過了週末，然後在回家的路上失蹤。據目擊者反映，艾倫曾在路邊準備搭乘順風車，最終上了一輛載著三四名男子的白色荷頓汽車，從那以後，就再也沒人見過艾倫，直到他的屍體被人發現。

　　1979 年 8 月 28 日，阿得雷德警方再次接到報案，有兩個釣魚者在波特河裡發現了一具屍體，死者是失蹤的尼爾・繆爾（Neil Muir），25 歲，獨自一人居住在阿得雷德，是個癮君子，經常光顧夜總會，頻繁搬家。

　　尼爾的屍體被肢解得七零八碎，此外法醫在尼爾的體內發現了美沙酮藥物的痕跡。

　　警方在調查中鎖定了一個嫌疑人，這是一名 45 歲的醫生，名叫彼得・萊斯利，有目擊者告訴警方，彼得與尼爾關係密切，在尼爾死前的幾天兩人還曾待在一起。警方調查發現，彼得是一名同性戀，有酗酒的毛病。

　　在一家康復中心，警方找到了彼得，當時彼得表示他一

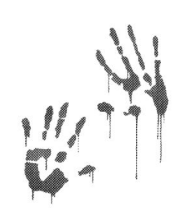

定會將自己所知道的情況都告訴警方。然而幾天後，彼得的態度發生了變化，他交給警方一份書面宣告，表示在沒有律師在場的情況下他不會回答警方的任何問題。

警方在搜查彼得的住所時發現了一些可疑的證據，例如浴室地板上的血液痕跡，這些痕跡已經被化學試劑清洗過許多次，此外警方還找到了與尼爾屍體上一樣的垃圾袋和繩索。

1980 年下半年，彼得接受了審判。在法庭上，彼得表示他不認識尼爾，也從來沒見過尼爾，不過許多證人均表示彼得與尼爾之間的關係十分密切，已經交往了許多年。由於檢方所提供的證據都是間接的，彼得被宣判無罪釋放。2015 年，80 歲的彼得在養老院去世。

1981 年 8 月 27 日，一個同樣叫彼得・斯托涅夫（Peter Stogneff）的 14 歲男孩失蹤了。彼得來自一個中產家庭，與父母居住在阿得雷德東北區。在失蹤的當天，正好是星期四，彼得像往常一樣去上學，不過他並沒有去學校，而是蹺課去市區閒逛，他和朋友約好在一尊銀色雕塑旁見面，但彼得的朋友並未見過他。

到了晚上，彼得還沒回家，他的父母開始到處找他。彼得的父母在車庫裡發現了彼得的書包，這是彼得在蹺課時故意將書包藏在車庫裡的，因為這樣如果父母先回家，就不會

發現他蹺課了。彼得的父母打電話給他的朋友，詢問兒子的情況，這時他們才發現彼得失蹤了，於是立刻報了警。

警方在搜尋彼得的下落時，從一名目擊者那裡了解到，在彼得失蹤的當天，他曾出現在購物廣場，當時他和一名成年男子在一起。

10個月後，彼得的屍體殘骸被一名農夫發現。當時農夫正在清理自己的農田，他將一些灌木和農作物集中在一起燃燒，在火焰熄滅後，他開始清理燃燒殘餘物，結果發現了一個頭顱。後經證實，這個頭顱屬於彼得。由於彼得的屍身已經被焚燒，因此法醫無法確定彼得的死因和死亡時間，就連證據也被燒毀了。不過警方發現彼得的屍體被鋸子割成了三塊，這讓警方聯想起了之前的被害者尼爾。

1982年2月27日，18歲的馬克·蘭利（Mark Langley）失蹤了。在失蹤的當天，馬克和家人一起去參加了朋友的18歲成人生日聚會。聚會結束後，馬克和幾個朋友一起乘車去阿得雷德市區。在路上，馬克與朋友發生了爭吵，朋友將車停在了托倫斯河沿岸的戰爭紀念大道上，馬克開啟車門下了車。馬克的朋友當時正在氣頭上，並未理睬馬克，就開車走了。

幾分鐘後，馬克的朋友開始擔心起馬克來，就開車回去尋找馬克，結果怎麼找都沒發現馬克的身影。第二天，馬克的父母發現兒子沒回家，就報了警。

9天後,馬克的屍體被人發現。屍檢結果顯示,馬克和之前的被害人一樣,都是肛門損傷造成大量失血而死。此外,法醫還在馬克的體內發現了一種鎮靜劑。這種鎮靜劑被廣泛應用於同性戀族群。

警方懷疑,馬克是在其他地方被害,然後被凶手棄屍荒野。這說明,凶手有一個隱祕的囚禁地,專門在裡面性侵和虐待被害人。

1983年6月5日,澳洲9號電視臺著名新聞主播羅布·凱爾文(Rob Kelvin)15歲的兒子理察(Richard Dallas Kelvin)失蹤了。那是個星期天,羅布與理察還有鮑里斯在公園裡踢球。踢完球後,羅布先回家了,他的住所就在附近,步行即可。而理察則陪著朋友鮑里斯一起去公車站搭車,他們來到公車站後,在等車的時候聊了一會兒。車來後,鮑里斯就上車了,理察則準備步行回家。理察的家距離馬克失蹤的戰爭紀念大道只有幾個街區。

理察失蹤的那天,脖子上正好戴著一個頸圈,這是他家狗所戴的狗項圈。對於虐戀族群(SM)來說,狗項圈具有一定的象徵意義,象徵著一種主導者和從屬者的關係,SM族群則需要透過施虐和受虐而達到性高潮。

理察失蹤後,他的父母立刻報了警。警方起初懷疑,理察只是離家出走了,許多叛逆的青少年都會離家出走。但理

凶手不止一個—澳洲五起虐殺案

察的父母卻反對這種說法，在他們看來理察是個快樂的孩子，而且剛剛結識了一個女朋友，他曾對母親說，想要在 19 歲的時候向女朋友求婚。

理察失蹤案在當時引起了巨大的轟動，畢竟他的父親羅布是個知名新聞主播。由於社會影響大，該失蹤案被移交給了重案組。一般情況下，重案組所負責的案件都是系列殺人案或大規模殺戮案，不過也會負責一些頗有影響力的案件。

重案組接手該失蹤案不久就接到了一個匿名者所提供的消息，匿名者說理察被關押在阿得雷德山麓的一輛大篷車裡，而被害人之一馬克的屍體就是在阿得雷德山的山腳下被發現的。警方立刻派出直升機對該地展開了搜查，結果一無所獲。

接下來的幾個星期內，重案組接到了許多匿名者打來的電話，不過他們所提供的線索沒有任何價值，反而使重案組的警力被分散，從而錯失了營救理察的最佳時機。

隨著時間一天天過去，重案組越來越不抱希望，認為理察很有可能已經被害。因為之前的被害人艾倫和馬克都是在星期天被綁架，而在綁架後的幾天就被殺害了，理察很有可能是被這同一個人或同一夥人給綁走的。

1983 年 7 月 24 日，理察的屍體被人在克勞福德山森林裡發現，他身上穿著失蹤當天的衣服，脖子上的狗項圈還在。屍檢結果顯示，理察的肛門受到了嚴重損傷，並引發了大出血導

致死亡，此外法醫還在理察的體內發現了好幾種鎮靜劑。與之前的被害人不同，理察在被囚禁和折磨了5個星期後才死亡，他屍體上的痕跡顯示他生前遭受了非人的折磨和毆打。

這時，警方才將艾倫、尼爾、彼得、馬克和理察的被害連繫起來，警方懷疑阿得雷德潛伏著一個或一夥連環殺手，他或他們專找年輕男子下手，凡是被他或他們綁走的男子，通常都會受到虐待和性侵，從而因肛門大出血而死亡。

1983年10月，阿得雷德的警察局來了一個名叫喬治的少年，他懷疑自己被性侵了，於是來報警，他同意接受檢查和測試。檢查結果顯示，喬治的肛門有撕裂痕跡，他的確受到了性侵，此外醫生還在喬治的體內發現了一種受監管的非處方安眠藥。

喬治告訴警方，在遭受性侵的那天，他在路邊搭便車時遇到了一名陌生男子，男子邀請他參加一個派對，還說派對上會有一些女孩子。喬治一聽立刻就心動了，他上了車，男子從後座的冷藏箱裡拿了一瓶啤酒給喬治。

男子將喬治帶到了一個地方，那裡有兩個女孩，實際上這兩個女孩是由男變女的變性人。喬治坐下來與他們一起喝酒聊天，在喬治喝得微醺之際，男子遞給他幾顆藥丸。之後喬治的意識就開始模糊了，他只記得自己好像和一個女孩發生了性關係，之後所發生的一切他都不記得了。

凶手不止一個—澳洲五起虐殺案

第二天，喬治醒來後，發現自己已經回到了家裡。後來他感覺到自己的肛門處痛感很強烈，於是懷疑自己被性侵，就來到警察局報案。警方認為，喬治是在服用了非處方安眠藥後失去了知覺並昏迷過去。對於那名陌生男子以及被帶去的地方，喬治都沒了印象，他只記得那名男子的頭髮好像被人工染過。

警方在調查這種非處方安眠藥的購買者時，發現了一個可疑的失眠患者，他叫做貝凡·埃納姆（Bevan Spencer von Einem）。

如今，澳洲已將同性戀婚姻合法化。但在 1970 年代，同性戀在澳洲是非法的。阿得雷德的托倫斯河旁，每到夜晚就會聚集著各式各樣的男子，他們都是同性戀，在這裡他們舉辦派對、喝酒、吃飯，甚至還會躲在樹叢中做愛。而警察則會拿著手電筒在此地來回巡邏，以抓捕同性戀者。不少警察在抓到同性戀者後，會羞辱、嘲諷、毆打他們，有些警察甚至還會故意將同性戀者丟在河中。

1972 年 5 月 10 日的晚上，羅傑·詹姆斯（Roger James）在托倫斯河邊和朋友聚餐，期間他認識了 41 歲的喬治·鄧肯（George Duncan）。羅傑因性取向被踢出了軍隊，一家製藥公司在發現了他是同性戀之後也將他解僱。喬治是阿得雷德大學的教授，7 歲前與父母一起生活在倫敦，後移民澳洲，

長大後去了劍橋大學讀書，後又回到澳洲任教。兩人相談甚歡，一邊聊天一邊散步。

就在這時，幾名警察出現了，警察將兩人抓住並丟進了河裡。喬治被丟進河裡後直接被河水捲走了，第二天警察從河中打撈出了喬治的屍體。羅傑在被丟進河裡的時候腳踝骨折了，幸運的是他被一個人救了出來，這個人就是埃納姆。埃納姆將羅傑從河裡拉出來後，就開車將他送到了附近的醫院。

第三天，媒體立刻趕到了托倫斯河，當時警察剛剛將喬治的屍體打撈出來。後來警察當著媒體將屍體扔到河裡，重新打撈了一回。

喬治的溺亡在整個南澳引起了巨大的**轟動**，畢竟他是個劍橋學者、法學教授，就這樣平白無故地被人丟進河裡喪命。3名涉案警察也因此被開除公職，最後因證據不足撤銷了對這3名警察的指控。

後來，南澳政府廢除了反對同性戀的法律，南澳也因此成為澳洲第一個將同性戀非刑罪化的州。

埃納姆在一家公司擔任會計，與母親居住在阿得雷德東北部。在周圍人看來，埃納姆是個工作認真、善良的人。實際上，埃納姆經常綁架、性侵年輕男子，甚至還會殺人。由於埃納姆年少時就出現了白頭髮，因此每個月他都會去理髮

店染頭髮。埃納姆經常失眠，他經常在深夜時分喝酒，然後開著車四處閒逛，從而度過漫漫長夜。此外，埃納姆可以拿到醫生的處方安眠藥。

警方透過進一步的調查發現，埃納姆曾與被害人尼爾交往過，而且在被害人馬克失蹤的當天晚上，埃納姆曾喝了酒開車在戰爭紀念大道上轉悠。而在理察失蹤的那天，埃納姆正好請了一個星期的假，據他自己說，那段時間他感染了流感，就請假在家休息，他還拿出了醫生開的證明，不過醫生的證明可以幫他買到更多的安眠藥。此外，警方還發現在理察屍體被發現的前後，埃納姆將自己那輛福特獵鷹賣掉了。令人懷疑的是，埃納姆在賣車前，還專程將後車廂上了一層漆。種種發現讓警方懷疑，埃納姆就是他們要找的連環殺手。

不久之後，警方聯絡到了一個重要證人 B。在艾倫遇害的前後，B 曾打過一通匿名電話給警方，他暗示警方埃納姆就是殺死艾倫的凶手。警方在和 B 取得聯絡後，B 同意與警方見面。

B 只有 20 歲左右，是個雙性戀男子，他說自己在 1979 年 6 月認識了埃納姆，那段時間艾倫正好失蹤了。B 表示，他經常和埃納姆開著車在路上兜風，從而尋找想搭乘順風車的年輕男子，他們引誘男子，讓他去參加一個派對。埃納姆

經常引誘這些上車的男子服下一些藥丸，那些藥丸就是他購買的安眠藥。此外，B還提到在埃納姆的汽車後座上有一個冷藏箱，裡面裝滿了啤酒。埃納姆有個變性朋友，為了換取毒品常常與各式各樣的人發生性關係。這一切都與受到性侵害的喬治所描述的情況相吻合。

B還說，埃納姆雖然與母親住在一起，但他的母親有個雷打不動的習慣，每隔一週就會去外地探訪親戚。母親不在家的這段時間，埃納姆就會將綁架的年輕男子帶回家。由於埃納姆家的車道很特別，鄰居們並不會發現異常。B曾親眼看著埃納姆用安眠藥將綁架來的男子弄昏。不過B表示，自己雖然參與過幾次綁架案，但在事態無法控制之前就主動離開了。

警方在搜查埃納姆的住所時，發現了大量的安眠藥，其中有兩種藥物曾經在理察的體內被發現。除此之外，警方並未找到其他證據，例如血跡等。顯然證據已經被清除了，警方懷疑實施犯罪的人並非只有埃納姆一人，他應該有同夥。

警察鮑勃在埃納姆家的車道上發現了一輛可疑的汽車，汽車的主人是個商人。雖然在警方看來，這名商人有重大嫌疑，但因證據不足無法對其提出指控。

在接下來的一段時間內，警方蒐集了埃納姆住所衣服和家具中的纖維，並將這些頭髮纖維送到實驗室進行檢測。檢

測結果顯示，理察衣服上的纖維與埃納姆住所床上、地板上的纖維相吻合。

在這項證據面前，埃納姆承認理察曾去過自己家。在理察失蹤的那天，埃納姆在找停車位的時候遇到了理察，當時理察的心情很不好，他在學校遇到了一些麻煩，於是埃納姆開始開導理察，並將其帶回了自己家。埃納姆表示，那天晚上他只與理察聊天和擁抱，除此之外什麼也沒做。後來，埃納姆將理察送到了公車站，臨走前還給了理察一些錢。對於埃納姆的新口供，警方當然不會相信，因為他的口供與案情存在許多矛盾。

1984年11月5日，埃納姆謀殺理察的罪名成立，被判處終身監禁，24年內不得申請保釋，之後改為36年內不得申請保釋。

雖然埃納姆被送進了監獄，但這起系列謀殺案還遠遠沒有結束，警方懷疑還有幾個重要嫌疑人依舊逍遙法外。

其中一個嫌疑人就是之前警方所懷疑的商人。警方在調查他的時候發現，商人有一幢兩層的商業樓，第一層用來做生意，第二層是管理層，有一個房門緊閉的房間，裡面空蕩蕩的，只有一張床墊。此外，該商人經常在男同性戀聚會的地方出現，有毆打年輕男子的不良紀錄。商人有個朋友叫＃＃＃史蒂芬，也有重大嫌疑。史蒂芬是個醫生，經常性騷

擾年輕男子。

　　此外，警方還認為有兩個人也參與了這起系列謀殺案，他們就是＃＃＃德倫斯和吉諾。德倫斯在 1979 年被自己的年輕男性情人所殺，他的屍體就被藏在家中的冰箱裡。而吉諾則因多起性侵罪被迫逃離澳洲，而他性侵的對象都是年輕男子。

　　1988 年，警方給出了 25 萬澳元的賞金，希望有人能提供和艾倫、尼爾、彼得、馬克遇害案相關的線索。1989 年，警方的賞金提高到了 50 萬澳元。2008 年，隨著 DNA 技術被運用到刑偵中，警方開始重新審理這些塵封多年的舊案。但卻依舊毫無收穫，警方發現嫌疑人的 DNA 與被害人身上發現的 DNA 並不匹配。

　　2014 年，警方再次得到一條重要線索。一個名叫特雷弗＃＃＃的男子死後，他的家人在整理他的遺物時發現了一本日記。在日記中，特雷弗提到了一個特殊的團體，這個團體的成員性侵或虐待年輕男子，他們常常在一起策劃如何綁架、迷姦、性虐待甚至是謀殺年輕男子。在這本日記裡，特雷弗除了提到已經被定罪的埃納姆和上述 4 名主要嫌疑人外，還提到了埃納姆的髮型師丹尼斯。此外，特雷弗的住所與那兩名被埃納姆用來引誘年輕男子的變性人住所距離很近。

■ 凶手不止一個─澳洲五起虐殺案

■【性倒錯行為】

　　種種證據顯示，虐殺 5 名年輕男子的凶手不止埃納姆一人。據說，涉案的犯罪嫌疑人可能多達 12 名，其中包括一些社會地位很高的人，例如商人、律師和醫生。在警方看來，被定罪的埃納姆只是該犯罪集團中的一枚棋子，他應該不是策劃者，因為他的犯罪手法並不高明，警方認為他沒有足夠的智商去犯下所有的罪行，並且將證據清理得如此乾淨。

　　最關鍵的是，被害人尼爾和馬克的屍體都有被動過手術的痕跡，例如馬克的肚臍下就被切開並縫起來，這顯然是專業醫生才擁有的技能，而埃納姆毫無醫療專業的知識背景，他根本無法做到。

　　埃納姆所屬團體中的成員雖然來自不同的社會階層，既有商人、律師這樣的社會地位很高的人，也有像埃納姆這樣的普通人，但他們卻有一個共同的愛好，即都喜歡性虐年輕男子，這是一種性倒錯（sexual inversion）行為。

　　所謂性倒錯，就是指一個人在性方面有著特殊的癖好。根據精神醫學診斷手冊，性倒錯行為主要有九種：露陰癖、戀物癖、觸控癖、戀童癖、性虐待狂、受虐狂、戀物性異裝

症（transvestic fetishism）、窺陰癖以及未註明之性倒錯。顯然埃納姆等人屬於性虐待狂，他們只能透過給他人心理或身體上施加痛苦，才能獲得性興奮。

■ 凶手不止一個—澳洲五起虐殺案

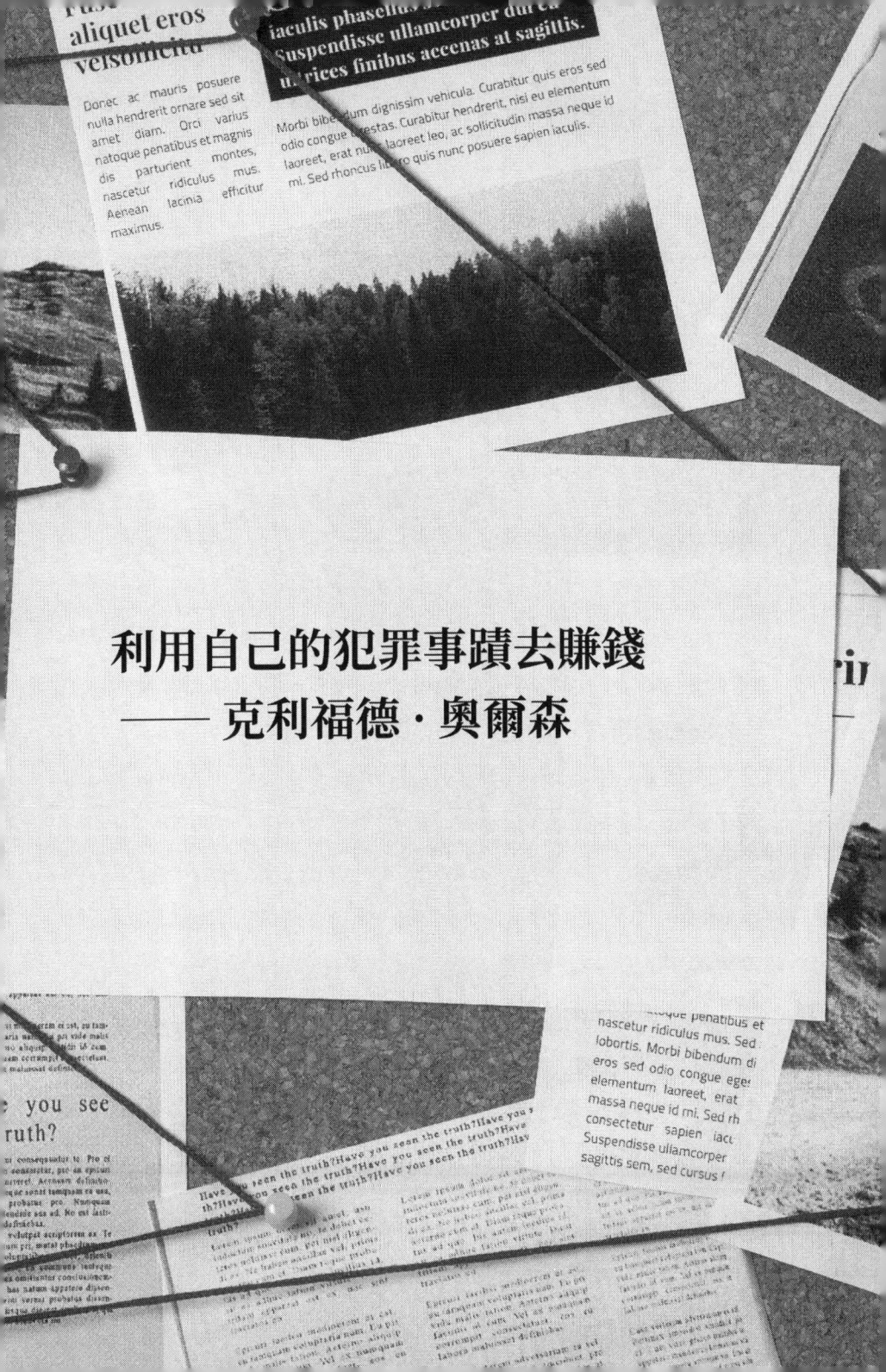

利用自己的犯罪事蹟去賺錢
—— 克利福德·奧爾森

利用自己的犯罪事蹟去賺錢—克利福德・奧爾森

　　1980 年 11 月 18 日，加拿大哥倫比亞溫哥華 12 歲的克莉絲汀・韋勒（Christine Weller）在與家人發生了矛盾後離家出走。之後，克莉絲汀就失蹤了，她再也沒和家人聯絡過。一直到了聖誕節，警方才告訴克莉絲汀的家人，克莉絲汀遇害了，屍體已經找到。

　　屍檢結果顯示，克莉絲汀的胸口、腹部和脖子上有許多致命刀傷，遇害時間是 11 月 19 日，也就是克莉絲汀離家出走的第二天。

　　為了蒐集線索和證據，警方在案發地展開了調查和訪問，但沒有人能提供有價值的線索。於是克莉絲汀遇害案只能暫時擱置起來，但這只是溫哥華青少年遇害案的開始。在之後不到一年的時間內，相繼有 11 名青少年失蹤，有些人找到了屍體，有些則沒有。

　　1981 年 4 月，13 歲的科琳・戴格諾特（Colleen Marian Daignault）失蹤了。不久，有人在一個僻靜的地方發現了科琳的屍體，她身上有許多致命的刀傷，此外還遭到了性侵。

　　緊接著當地又出現了一起青少年遇害案，死者是 16 歲的戴恩・約翰斯魯德（Daryn Todd Johnsrude），被人用鈍器擊打而死。由於戴恩是個男孩，而且沒有遭受性侵的痕跡，警方並未將這 3 起凶殺案聯想在一起，也從未懷疑過可能是同一人所為。

　　1981 年 5 月 19 日，16 歲的珊卓・沃夫施泰納（Sandra

Wolfsteiner）被人殺害，致命傷在頭部，是被人用鈍器擊打而死。

6月21日，13歲的艾達·考特（Ada Anita Court）失蹤了。後來有人在湖邊的小樹林裡發現了艾達的屍體。屍檢結果顯示，艾達在被鈍器擊打而死之前，曾遭受過性侵。

7月2日，9歲的西蒙·帕廷頓（Simon Partington）被人勒死。

7月9日，14歲的茱蒂·克斯瑪（Judy Kozma）被人殺死，生前遭受了性侵。茱蒂遇害後不久，茱蒂的家人接到了凶手的電話，凶手讓茱蒂的家人聽了一段錄音，那是他在性侵和殺害茱蒂時，茱蒂的哭聲和慘叫聲。凶手還打電話給茱蒂的好朋友，說下一個目標就是她。

7月23日，15歲的雷蒙德·金（Raymond King II）的屍體被找到，他的頭部有十分嚴重的創傷，是從高處墜落所致，此外雷蒙德的屍體上還有被石頭砸過的痕跡。

7月24日，18歲的西格倫·阿恩德（Sigrun Arnd）的屍體在一處水溝被人發現，她是被人用鈍器擊打而死。

7月27日，15歲的泰芮·琳恩·卡森（Terri Lyn Carson）被人勒死。

7月30日，露易絲·沙特朗（Louise Chartrand）被人殺害，她是該連環凶殺案的最後一名被害人。警方已經懷疑上了一

■ 利用自己的犯罪事蹟去賺錢─克利福德‧奧爾森

個名叫克利福德‧奧爾森（Clifford Olson）的慣犯，他曾因盜竊、搶劫、偽造證件、私闖民宅等罪名被判入獄。在露易絲遇害的兩天前，警方就已經派警力監視奧爾森的一舉一動，準備找理由逮捕奧爾森。

8月12日，警察跟蹤著奧爾森來到了一片沙漠。當時奧爾森開著一輛車，車上除了奧爾森外，還有兩個女人。當奧爾森將車停下來，趕下一名女子的時候，警察上前以醉酒駕駛的名義逮捕了奧爾森。在之後的搜查中，警察在奧爾森隨身攜帶的筆記本上發現了被害人茱蒂的筆跡。除此之外，警方手中沒有任何證據可以起訴奧爾森。

後來，奧爾森的一個朋友告訴警方，在茱蒂遇害的那天晚上他一直和奧爾森待在一起，而且他願意在法庭上作證，指控奧爾森，於是警方起訴了奧爾森。最終奧爾森因11項一級謀殺罪被判處終身監禁，不得假釋。

入獄後不久，奧爾森就要求見警方。奧爾森表示，他可以說出被害人屍體的埋藏地點以及只有兇手才知道的作案細節，但前提是得支付給他10萬美元。最終哥倫比亞省首席檢察官同意了這個要求。這在當時引起了極大的爭議，有不少人都反對這種交易，覺得這是對死者的不尊重。

奧爾森每次作案之前，都會租輛車，然後開著車到街上尋找獵物。看到合適的對象，奧爾森就會停車，以提供高報

酬的工作為由將被害人騙上車，然後開車到偏僻的地方強姦被害人，最後用刀刺死或者用錘子砸死被害人。在殺死雷蒙德時，奧爾森採用了完全不同的方式。他將雷蒙德從高處推下，導致雷蒙德頭部受到重創，然後又用石頭砸向雷蒙德，在確認雷蒙德死亡後，才離開了現場。後來奧爾森開始採用勒死被害人的殺人方式。

在奧爾森殺死第一個被害人克莉絲汀後，也就是1981年的元旦，奧爾森被人起訴強姦，並在1月8日被警方逮捕。在之後的審判中，或許是因為證據不足，奧爾森並未被定罪。4月8日，奧爾森在律師的幫助下獲得了保釋。

1981年的7月，是奧爾森瘋狂作案的一個月。在短短的一個月內，奧爾森相繼殺死了6個人。由於頻繁作案，奧爾森不得不經常租車，這讓他欠下了一筆債。為了償還債務，奧爾森只好去搶劫。

1981年7月7日，奧爾森因襲擊了一名16歲的女孩被捕，這是唯一的倖存者。不過奧爾森並沒有在監獄裡待多長時間就獲得了釋放，之後他繼續瘋狂作案。

實際上，奧爾森最後得到了9萬美元，他將這筆錢全部存進了妻子的銀行帳戶中，他希望妻子和兒子能好好利用這筆錢改善生活。

後來一家出版社將奧爾森的信件集合成書出版，還支付

■ 利用自己的犯罪事蹟去賺錢─克利福德・奧爾森

給奧爾森一筆不菲的版稅。奧爾森所犯的系列殺人案在加拿大屬於重大刑事案件，他還被列為加拿大殺人最多的殺人犯。因此當人們得知奧爾森獲得了一筆不菲的版稅後，都十分憤怒，這也促成加拿大通過了一項新法律，即不允許罪犯透過自己的犯罪行為獲得額外收益。

1996 年，奧爾森提起了上訴，後被法庭駁回。2011 年 10 月 2 日，奧爾森在監獄裡去世。

1940 年 1 月 1 日，奧爾森出生於加拿大溫哥華。在當地，奧爾森是個出了名的地痞流氓，經常觸犯法律，例如偷竊、搶劫、偽造證件、私闖民宅等。對於奧爾森來說，他從來不知道什麼是法律，什麼是規矩。據說，奧爾森還曾犯過幾起性侵案，但由於種種原因沒有被警方記錄在案。

除了犯罪外，奧爾森的大部分時間都是在監獄裡度過的。在監獄裡，奧爾森也從來不守規矩，他經常欺負新入獄的犯人，例如扒光犯人的衣服羞辱他們，甚至強姦他們。對於奧爾森來說，他只會做對自己有利的事情，他十分擅長與獄警打好關係。當然被奧爾森欺負的犯人也從來不會忍氣吞聲，奧爾森經常被毆打，甚至還被人連捅 7 刀入院，差點丟了性命。

監獄方考慮到奧爾森的人身安全，等奧爾森將傷養好後，就將他送到了另一座監獄。在這裡，奧爾森交了一個好朋友，他名叫蓋瑞・馬庫斯（Gary Francis Marcoux），因強姦

殺害一個小女孩被判入獄。

馬庫斯在與奧爾森熟悉之後，就和他聊起了自己所犯的案件，包括許多作案細節。這對奧爾森來說，簡直是開啟了新世界的大門。從那以後，奧爾森就開始對兒童色情產生了濃厚的興趣，他花了許多時間觀看相關的光碟和雜誌，每天都沉浸在馬庫斯所描述的犯罪畫面中。後來奧爾森有了將幻想變成現實的想法，於是他開始籌劃出獄後如何犯罪，並逃避警方的追捕。

為了盡快出獄，奧爾森想到了一個減刑的好辦法。他將馬庫斯告訴自己的所有作案細節寫成了一封信，然後交給了警察。這樣馬庫斯身上的罪名又多了幾項，刑期也隨之增加。奧爾森則因檢舉揭發獲得了減刑。

1978年，奧爾森出獄了。作為一個愛好兒童色情犯罪的人，奧爾森一邊自己欣賞兒童色情照片，一邊販賣。1979年，奧爾森因販賣兒童色情照片被起訴。加拿大東海岸的警方接到奧爾森的案件後，就開始翻查他的紀錄，最終得出一個結論，奧爾森應該被送到西岸接受審判。但西岸的警方一直沒有重視這起案件，也沒有下令逮捕奧爾森，於是奧爾森並未因此受到法律制裁。如果當時奧爾森被捕並被定罪，那麼或許那11名青少年就不會遇害。加拿大警方也因此成了人們口誅筆伐的對象。

■ 利用自己的犯罪事蹟去賺錢─克利福德・奧爾森

■【作案地點的選取】

在殺害 11 名青少年之前，奧爾森雖然屢次犯罪，且是當地著名的人品低劣的犯罪人，但由於他所犯罪行並不嚴重，因此在警方看來他只是一個微不足道的傢伙。奧爾森內心深處的邪惡欲望被一個名叫馬庫斯的強姦殺人犯所激發，從那以後奧爾森就對兒童色情產生了極大的興趣，此外他還從馬庫斯那裡學到了許多犯罪技巧，例如如何引誘被害人。

奧爾森在選擇被害人的時候，只有一個原則，即被害人看起來很容易被控制或攻擊。然後奧爾森便用提供高薪工作為誘餌，引誘被害人上車。

奧爾森在尋找被害人的時候有一個十分明顯的特徵，他會在自己所住的社區尋找被害人，而且被害人主要集中在他所居住的房子附近，是以他的居住地為中心，圍繞在社區周圍。但奧爾森在拋屍時，所選擇的地點則主要集中在一處山脈，這裡地域相對廣闊，對奧爾森來說也很陌生。

從奧爾森選擇被害人的地點和拋屍地點可以看出，奧爾森對待兩者的態度是不一樣的。對於奧爾森來說，尋找被害人並將被害人騙上車，是一件很危險的事情，所以他得在自

己所居住的社區尋找獵物。在自己熟悉的地方，他會覺得有安全感。拋屍對於奧爾森來說則比較簡單，所以他可以到陌生的地方去。對於一個罪犯而言，作案地點的選擇可以顯示出他的心理狀態。

■ 利用自己的犯罪事蹟去賺錢─克利福德‧奧爾森

警察幫凶手收集屍體
—— 蓋瑞・利奇威

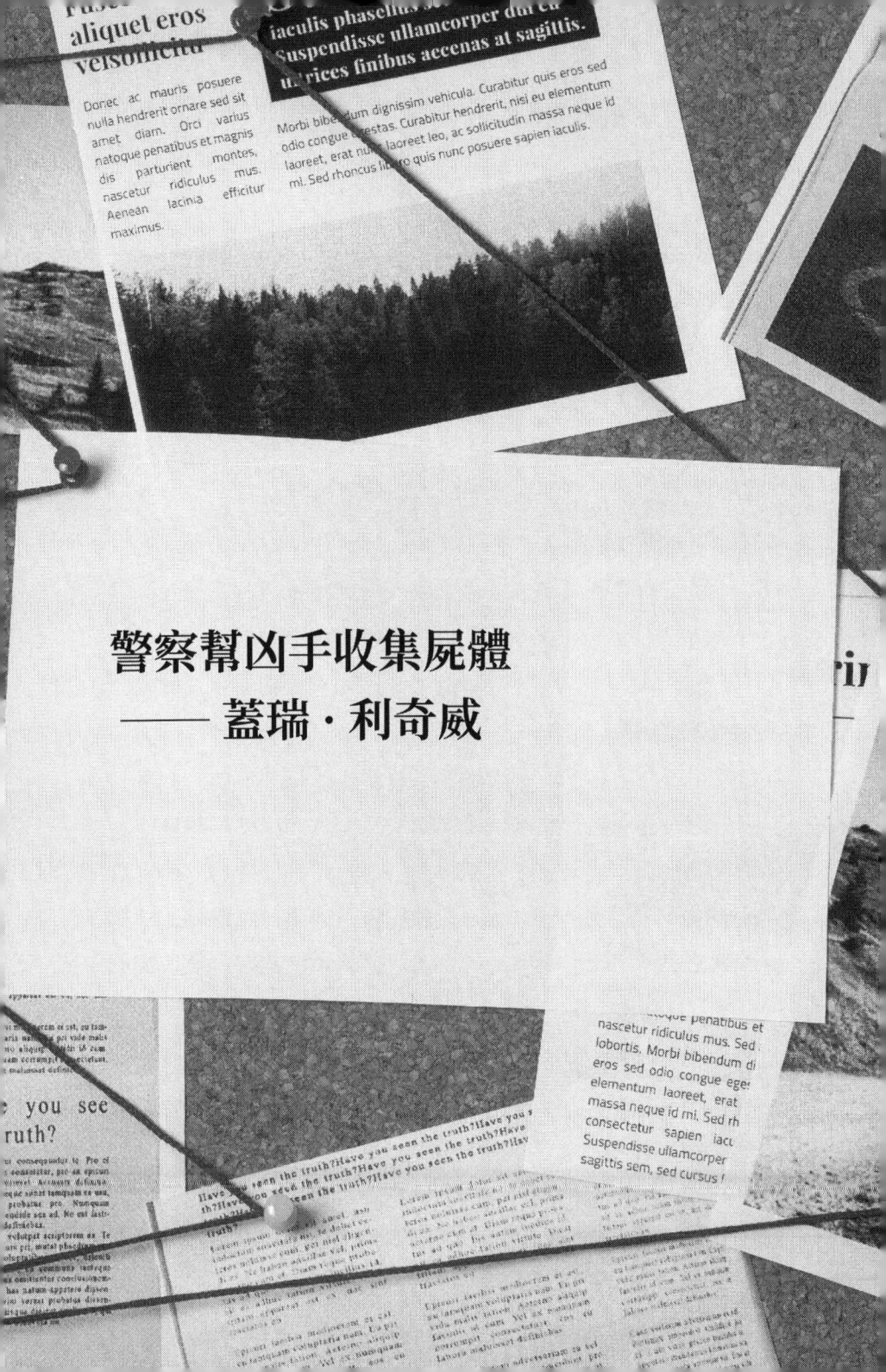

■ 警察幫凶手收集屍體─蓋瑞・利奇威

1979 年，戴夫・雷徹特（Dave Reichert）成為華盛頓州西雅圖市金縣的一名警長。1982 年 8 月 13 日，雷徹特帶著一些警察來到了綠河邊，這是一條從懷俄明州流入猶他州的河流，附近有一家肉類包裝加工廠，一名工人在河邊抽菸休息時，意外發現了一具女屍。死者是個失蹤的妓女，名叫黛博拉・琳恩・博納（Debra Lynn Bonner），被發現時，她全身赤裸，致命傷在頸部，是被人勒死的。

起初雷徹特以為這只是一起普通的凶殺案，沒想到卻是一系列殺人案的開始。兩天後，綠河再次出現兩具女屍。

羅伯特・艾斯沃斯是個釣魚愛好者，經常撐著木排到綠河釣魚。8 月 15 日這天，羅伯特在釣魚的時候發現河底有一雙眼睛正盯著自己，羅伯特仔細看了看後發現河底有個人。羅伯特沒往屍體上想，只覺得可能是個人體模型，於是他就拿木桿去戳，結果重心不穩掉到了河裡，等到他和屍體直接接觸後，才發現這根本不是人體模型，而是一具屍體，他注意到在這具屍體旁還有一具屍體。恐懼不已的羅伯特拚命游上岸，立刻報了警。

雷徹特等人趕到綠河後，立刻封鎖現場並開始打撈屍體。打撈屍體的警察發現，死者的大腿處和肩膀上都繫著巨大的石塊。

當時正是河岸邊的野草瘋長的季節，最高能長到兩公尺

左右,這讓警方在綠河附近的搜查工作變得十分困難。在搜查中,警方發現了一具年輕女性的屍體,她臉部朝下趴在那裡,一條藍色的裙子纏繞在脖子處,全身赤裸著,手臂、大腿和臀部有十分明顯的瘀傷。與兩天前發現的死者一樣,這3名死者均是被勒死的。

接下來的一段時間內,綠河附近接連發現了幾名女性的屍體,她們的身分都是妓女。這讓雷徹特等警察開始懷疑,所有的被害人都是同一人所害,金縣綠河附近隱藏著一個恐怖的連環殺手。這一系列命案也成為金縣有史以來發生的最嚴重的案件,為此當地警方還專門成立了專案組,雷徹特就是專案組的組長。從那以後,雷徹特和妻子、3個孩子就開始生活在長達20多年的焦慮不安中。

雷徹特等人每天都在忙碌著破案,期望盡快將綠河殺手(Green River Killer)抓捕歸案。但綠河殺手的殺戮並沒有因警方的介入而停止,截至1983年4月,當地相繼出現了14起女性失蹤案,其中大多是妓女,年齡在14～23歲之間。

警方進行了大量的調查工作,對500多名嫖客嫌疑人進行了調查,但是案件還是沒有絲毫進展。警方也希望能有妓女主動提供線索,但知情的妓女根本不配合警方的工作,在她們看來,警察是不值得信任的。就在雷徹特等人一籌莫展之際,新的女屍不斷被發現,這讓雷徹特等人更加沮喪,他

警察幫兇手收集屍體—蓋瑞・利奇威

們甚至覺得不是在辦案,只是負責幫兇手收集屍體。

1983 年 5 月,當地一個居民在樹林裡採蘑菇時意外發現了一具女屍,就報了警。警方發現女屍上有一個黃色的紙袋,紙袋下面是一份《西雅圖時報》,上面的頭條便是綠河連環殺人案的新聞。女屍的脖子上纏繞著一根漁線,脖子和肩膀處分別有一條鮭魚,肚子上有一個酒瓶,屍體旁邊還有一些香腸。這場景讓雷徹特覺得兇手是在嘲諷警察都是一群無能之輩。

到了 1986 年,雷徹特調查綠河殺手的案件已經好幾年了,但毫無進展,為此他想從泰德・邦迪這位連環殺手那裡了解連環殺手的內心世界和作案動機。雷徹特覺得邦迪應該對綠河殺手更加了解,畢竟他們是同一種人。透過與邦迪的交流,雷徹特產生了一種錯覺,如果不是邦迪被關押著,他甚至懷疑邦迪就是連環殺手。不過對於邦迪來說,他根本看不上綠河殺手,他覺得自己才是最厲害的連環殺手,是連環殺手中唯一的博士。

1987 年,由於綠河殺手的案件遲遲沒有進展,專案組已經花費了 500 萬美元,西雅圖政府決定縮減專案組的資金,這意味著政府已經放棄了對綠河殺手的追捕。但雷徹特卻一直堅持不懈,他無時無刻不在想將綠河殺手抓捕歸案,甚至在度假的時候,對綠河殺手的案子也念念不忘。

1997年，雷徹特成了金縣的治安官之後，就重新成立專案組，專門來調查綠河殺手的案件，他發誓一定要在有生之年將綠河殺手送進監獄。直到2001年，雷徹特藉助DNA技術才將綠河殺手抓捕歸案，他就是蓋瑞·利奇威（Gary Leon Ridgway），曾在1984年時進入警方的調查視線。

瑪麗·瑪爾瓦爾（Mary-Jane "Marie" Malvar）是第25名被害人。在瑪麗屍體被發現後不久，警方就從她男友那裡了解到，他最後一次看到瑪麗時，瑪麗正和一個名叫利奇威的男人在一起，當時他們就在一輛輕型小貨車上。

很快，利奇威就接到了警方的傳訊。但利奇威堅決否認自己認識瑪麗，由於沒有證據，警方只好將利奇威放走。

在警方的要求下，利奇威參加了測謊測試，他通過了，不過警方還是將他列入了嫌疑人的名單。此外，警方還對利奇威的住所進行了搜查，並採集了他的唾液和頭髮樣本。由於當時技術條件有限，這些樣本並未派上用場。直到DNA技術被運用到案件偵破中之後，雷徹特才將利奇威等幾名重要嫌疑人的唾液樣本和從被害人身上蒐集到的精液樣本送到

警察幫凶手收集屍體—蓋瑞・利奇威

華盛頓國家犯罪實驗室。

檢驗結果顯示,利奇威的 DNA 與 3 名被害人屍體上殘留的凶手精液的 DNA 相吻合。這是一項十分重要的證據,可以據此逮捕利奇威,也可以在庭審時向法官和陪審團呈交。

2001 年 11 月 16 日下午三點半,利奇威開著一輛紅色福特汽車出現在一條商業街,這裡是妓女的聚集地,每天晚上會有許多妓女站在街上招攬顧客,有些妓女甚至瘋狂地在鬧區和嫖客在汽車上進行性交易。利奇威拿出一沓鈔票,伸出車窗外揮舞著,很快一名妓女出現在利奇威的車前。

利奇威將車停好走了下來,那女人上前問他是不是在找房間,利奇威說沒有,然後問那女人是不是在約會,女人回答「是」,並問利奇威是不是感興趣。利奇威則一本正經地對女人說,附近有警察,並讓女人在下條路的銀行門口等他。這名妓女打扮的女人是一位便衣警察,專門來抓利奇威的。

接下來,長達 5 個月的審訊開始了,雷徹特和他的調查小組希望能讓利奇威主動交代出所犯的 41 起命案的細節並帶警方去找被害人的屍體,雷徹特本人也與利奇威單獨談了 3 天。

起初利奇威並不配合警方的工作,他一直說自己已經很長時間沒有殺人了,因為他經常去教堂,還得去上班,沒有時間殺人。直到利奇威的辯護律師和控方律師達成了認罪協

定後，利奇威才主動交代了一切罪行，以免去死刑。

在利奇威所交代的命案中，有兩起案件讓警方和犯罪分析專家很吃驚。在 1990 年和 1998 年，利奇威分別殺死了兩名女子。警方本以為在大力追捕下，綠河殺手已經在 1984 年停止殺人了。

利奇威交代道，為了誤導警察，他會在棄屍現場故意扔些別人的口香糖、菸蒂等物，實際上他既不抽菸，也不嚼口香糖。有時他會故意將被害人的屍體運到奧勒岡州，這樣警方就不會將死者與綠河殺手連繫起來，因為警方的調查工作不能跨州進行。

利奇威還提到他會用一些小手段來騙取被害人的信任，他會主動和被害人說話，讓她盡量放鬆下來，讓被害人產生一種被關心的感覺，這樣被害人就會慢慢放下警惕，但利奇威只是想把被害人弄到卡車裡殺死。有時，利奇威會給被害人看兒子的照片，這樣也能讓被害人放下警惕。

在與被害人發生性關係之後，利奇威就會從背後掐住她的脖子，他很喜歡這種殺人方法。但後來利奇威發現被害人在反抗時會在自己的手臂上留下傷口和瘀青，這樣太容易引起別人的注意和懷疑，於是利奇威就改用繩子勒死被害人。

2003 年 11 月 5 日，綠河連環殺人案在華盛頓州西雅圖高等法院開庭審理。利奇威承認自己殺死了 48 名女性，他表

警察幫凶手收集屍體─蓋瑞・利奇威

示：「在你們看來，我就是魔鬼、撒旦，但我所殺死的女人大多是妓女，我的目標就是在不被抓住的情況下，盡可能地殺死更多的妓女，殺得越多越好。在作案時，我先與她們發生性關係，然後勒死她們。當我勒住她們脖子的時候，通常會數數，在沒數到六十時，她們就已經昏迷或死亡了。」

雖然利奇威已經認罪，但根據流程，他必須得在法官唸到每一個被害人的名字時說一句「我有罪」。由於被害人數量眾多，這個過程一共持續了8分鐘。最終，利奇威被判處了49個終身監禁，而且不得被保釋。

對於這項判決結果，許多被害人的家屬都表示太輕了，在他們看來，利奇威就應該被處死。有些被害人家屬在接受媒體採訪時說：「當我看到利奇威這個惡魔邪惡的小眼睛時，我就知道他想把現場所有的女人都殺死，像他這樣的人就應該被處死。」

美國歷史上最大的連環殺人案至此終於落幕，雷徹特及其家人終於可以恢復正常的生活了。對於雷徹特來說，綠河連環殺人案耗費了他20多年的大好時光，嚴重干擾了他的家庭生活和職業生涯。在綠河殺手被捕之前，雷徹特經常被媒體和公眾誤解為無能之輩，死者家屬甚至公開表示：「警察們根本不用心抓凶手，每天總是在看檔案。如果被殺死的是警察的女兒，凶手早就被抓到了。」

雷徹特甚至還放棄了競選州長的機會。當他準備競選州長的時候，媒體和公眾紛紛猜測，他是在利用綠河連環殺人案來圖謀政治私利。最終雷徹特只能放棄競選，專注於案件的調查。

對於雷徹特的家人來說，他們每天都生活在綠河殺手帶來的恐懼之中。在利奇威被捕之後，雷徹特的長女安潔拉在接受採訪時說：「綠河凶殺案發生時，我才10歲。那個時候，我只知道爸爸似乎遇到了令他很棘手的壞人。從那時起，我們開始變得很乖，盡量不給爸爸惹麻煩。我總是擔心凶手會突然出現在我的房間裡，有時睡覺都會突然驚醒。」

1949年2月18日，利奇威出生於美國猶他州鹽湖城，在3個孩子中排行第二。後來，利奇威全家搬到了西雅圖南部的一個工人階層社區居住。

利奇威的母親是個十分凶悍的女人，對孩子和丈夫都十分粗暴。利奇威的前妻說，她親眼看到利奇威的母親朝他父親的頭上砸盤子。可以說，利奇威是在父母的暴力行為中長大的。

在學校，利奇威的成績並不好，他的智商只有82，屬於低智商。高中時，利奇威留了兩級才勉強畢業。而且，利奇威還有縱火和虐待動物的前科。

16歲時，利奇威惹了一個大麻煩，他差點把一個6歲的

警察幫凶手收集屍體—蓋瑞·利奇威

小男孩殺死，他用樹枝捅進了男孩的肝臟，幸運的是男孩並沒有死。刺傷男孩後，利奇威毫無愧疚之意，他表示自己只是想知道殺人是什麼滋味罷了。

在高中時，利奇威是班上的 D 等學生[01]，並不活躍，卻是一個經常惹麻煩的人，剛成年就不止一次地與妓女搞在一起。相反，利奇威的哥哥喬治卻是學校的活躍分子。20 歲時，利奇威終於高中畢業。畢業後，利奇威加入美國海軍，並參加了越南戰爭。

後來，利奇威成了一名油漆工，並且一做就是 32 年。由於利奇威是負責為卡車上漆，這讓他有機會使用不同的牌照和車型進行犯罪。

在鄰居看來，利奇威根本不像個連環殺手。他有一棟當時價值 20 萬美元的房子，經常遛狗，對鄰居很友好，他還會定期去教堂。

據利奇威的同事反映，利奇威是個合群、友好的人，就連一些女同事也說他不是個暴力的人。不過也有同事認為，利奇威雖然會隨身攜帶《聖經》並在工作時閱讀《聖經》，但腦子裡卻充滿了下流的想法，很喜歡講黃色笑話，尤其喜歡拿妓女開玩笑。

---

[01] 在美國的教育體系中，成績評定通常分為 A（優秀）、B（佳）、C（尚可）、D（欠佳）和 F（不及格）。因此，D 等學生表示他的成績低於平均水準。

利奇威十分喜歡閱讀《聖經》，甚至還企圖透過布道來救贖他人。有一次，利奇威在五旬節集會上挨家挨戶地布道，想要拯救他人的靈魂。據利奇威的第二任妻子反映，利奇威在看電視的時候，總會將《聖經》放在腿上。每次做禮拜的時候或是禮拜結束時，利奇威都會哭起來。

　　利奇威有過三段婚姻。據他的第一任妻子反映，利奇威是個很正常的男人，他們之所以會離婚，是因為利奇威的母親控制欲太強，而利奇威又是個孝順的兒子。在利奇威看來，他的第一任妻子就是個自甘墮落的蕩婦，趁他在菲律賓服兵役時另結新歡。有專家認為，這段婚姻導致利奇威走上了連環殺手之路。

　　1972年，利奇威開始了第二段婚姻。據他的第二任妻子反映，利奇威是個不合群的人，而且性生活很怪異。此外他的第二任妻子還注意到，利奇威經常很晚回家，從不解釋去幹了什麼，有時身上還帶著泥土。後來，利奇威與第二任妻子的關係越來越冷淡，兩人開始分居，最後以離婚收場。

　　根據利奇威的說法，他的第二任妻子在最初嫁給他的時候身材肥胖，後來透過縮胃手術瘦下來後就開始到處拈花惹草，最終導致了他們婚姻關係的破裂。利奇威還表示，第二任妻子還總是利用兒子向他索要高額的撫養費。

　　對於利奇威的第三任妻子來說，這段婚姻關係十分糟

■ 警察幫凶手收集屍體—蓋瑞・利奇威

糕,而那段時間利奇威正好處於殺人的高峰期,他經常找陌生女子或妓女下手。此外,利奇威的第三任妻子還發現丈夫很喜歡露天性交,經常帶自己去一些陌生的露天場所性交。當利奇威被捕後,她才意識到那些性交的露天場所距離拋屍地點很近。

利奇威被捕後承認自己有姦屍的行為,後來為了忍住姦屍的衝動,利奇威只能將屍體掩埋,以避免自己忍不住去和屍體發生性關係。這與邦迪所猜測的一樣,邦迪曾告訴雷徹特,綠河殺手會時不時地去察看屍體,如果發現屍體還沒被發現,他會試圖與屍體發生性關係。

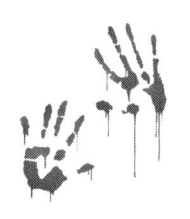

■【對女性的排斥感和無力感】

利奇威是個典型的自卑型人格的連環殺手,這與他那控制欲極強的母親有密切的關係。據利奇威第二任妻子反映,利奇威的母親是個易怒、打扮輕浮的女人,她一直在操控著利奇威。從出生到成年,利奇威就一直生活在母親女性權威的掌控之中。利奇威是家中不受待見的二兒子,他從未得到過母親的稱讚,母親根本看不上他,還經常用語言侮辱他。

在一次採訪中,利奇威提到自己四五歲時就不再尿床了。隨著採訪的深入,利奇威慢慢承認自己的尿床一直持續到了 14 歲,他總是因尿床受到母親的羞辱,每當母親發現利奇威尿床了,就會當著哥哥弟弟的面斥責他,還會要求他赤裸著走去廁所,因為母親要替他清洗。

利奇威從小沒有與父母形成健康的依戀關係,他的母親過於強勢、霸道,父親則過於懦弱。這導致利奇威形成了孤僻自卑的性格,他的自尊心極其脆弱,總會貶低自己。即使在周圍人看來利奇威是個懂禮貌的好孩子,但實際上他很古怪。

由於母親的影響,利奇威對女性又恨又怕,甚至內心產

警察幫凶手收集屍體—蓋瑞·利奇威

生了對女性巨大的排斥感和無力感。對於「妻管嚴」的父親，利奇威不僅沒有好感，甚至是鄙視的。不過利奇威並不敢向母親表現出自己的憎恨和憤怒，他一直壓抑著。

利奇威的第一任妻子讓他更加憎恨女性。當時利奇威正在菲律賓服兵役，回家後卻迎來了一紙「休書」，這讓他覺得妻子有了新歡，他將妻子視為下賤的婊子。隨後利奇威再次結婚並離婚，這讓他對女性的看法更加惡劣。

到了30多歲時，利奇威將對女性的憎恨全部發洩出來。他開始殺害無辜的女性，並漸漸迷戀上了殺人的感覺，因為他發現殺死女性可以讓他感覺到一種前所未有的控制感。

利奇威在招供時表示：「大部分被害人死在了我位於米利特瑞路的住所中，其餘的死在了我的卡車裡。我只跨州拋屍，沒有跨州作案。我專找妓女下手，我憎恨她們，也不想花錢買樂。還有一個主要原因，我覺得妓女是一個不被社會關注的族群，有妓女失蹤了，也不會引起人們的關注，甚至不會有人注意到一個妓女的失蹤。我覺得殺死妓女後，不會有人為她報案，這樣不論我殺死多少妓女，都不用擔心被抓住。最關鍵的是，哄騙一個妓女上我的車很容易。殺戮年輕女性是我的事業，越是年輕的妓女，在被殺死前反抗得越激烈。」

利奇威這個連環殺手，對妓女有著特別複雜的感覺，可以說又愛又恨、愛恨交織。一方面利奇威總是向鄰居抱怨，

說這個國家正在被妓女侵蝕著;另一方面,他是個資深的嫖客,總會去找妓女並殺死她們,因為只有在面對妓女時,他對女人的那種無力感才會消失。

■ 警察幫凶手收集屍體─蓋瑞・利奇威

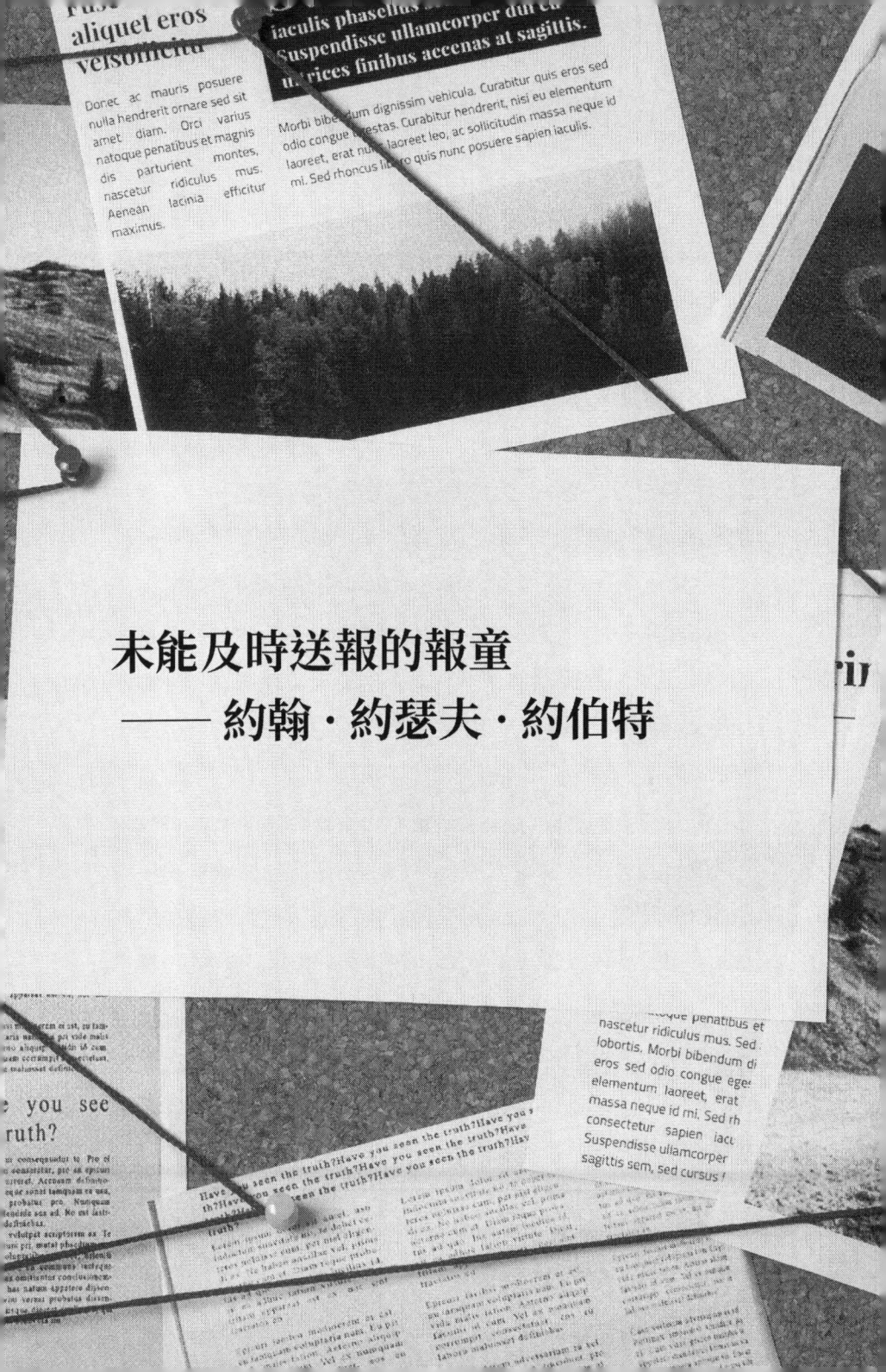

未能及時送報的報童
——約翰・約瑟夫・約伯特

■ 未能及時送報的報童─約翰・約瑟夫・約伯特

1982 年 8 月 23 日，緬因州波特蘭的警方接到報案，有人在騎車經過 I-295 公路時，在路邊的灌木叢中發現了一具男孩的屍體。死者是 8 月 22 日失蹤的 11 歲男孩理察・斯泰森（Richard "Ricky" Stetson），他的身上只穿著內褲，有明顯的刀傷痕跡，脖子上還有勒痕。警方推測，理察生前應該被凶手刺了許多刀，後來凶手用索狀的物體將理察勒死。此外，理察的身上還有多處咬痕，根據牙印，警方推斷咬痕是一個成年人留下來的。不過，理察生前並未遭受猥褻和性侵。

據理察的父母反映，在理察失蹤的當天中午，他說要去「後峽」玩，那裡距離他家不算遠，他的父母就同意了。到了天黑，理察還沒回家，他的父母開始擔心起兒子的安危來，於是立刻報了警。

警方很快就鎖定了一個嫌疑人，嫌疑人是個有過性騷擾犯罪前科的男子。當警方將理察身上的牙印與該嫌疑男子進行比對後發現，咬痕並不相符，這說明他根本不是殺害理察的凶手。在被關押了一年半後，該男子才獲得了自由。

1983 年 9 月 18 日，內布拉斯加州貝爾維尤的警方接到報案，報案者說他的兒子失蹤了。失蹤者是一名 13 歲的男孩，名叫丹尼・喬伊・埃伯利（Danny Joe Eberle），是當地的報童，每天早上他都會和哥哥分別騎著腳踏車去送報。

18 日這天早上 7 點，報紙管理人員接到了許多訂戶的

電話，他們抱怨報紙還沒送到。報紙管理人員就和丹尼的父親取得了聯絡，將情況告訴給他。父親和大兒子立刻去找丹尼，在沒找到的情況下就去訂戶那裡詢問，一問才知道丹尼只送了 3 戶。後來父親在第 4 個訂戶住所附近的籬笆下找到了丹尼的腳踏車。他們對丹尼很了解，丹尼絕對不會將自己珍愛的腳踏車丟棄在路邊，更何況車後座上還有一大捆報紙，他們堅信丹尼一定出事了。

警方了解了基本情況後對這位父親說，或許丹尼去叔叔家幫忙了，畢竟他叔叔的公司最近很缺人手。很快，丹尼的叔叔告訴警方，他根本沒見過自己的姪子。隨後，警方就在這片區域展開搜查工作。

3 天後，丹尼終於有了消息，有人在奧法特空軍基地附近的樹林裡發現了丹尼的屍體，這裡距離丹尼的腳踏車所在地大約有 4 英里 [02]。丹尼只穿著一條內褲，雙手和雙腳都被人用繩子捆綁起來，他的身上有大量刀傷，主要集中在前胸和後背。此外，丹尼的屍體上還有大量的淺表性傷口，是凶手故意用刀劃出來的，他的臉部也被凶手劃得面目全非。法醫還在丹尼的屍體上發現了被咬過的痕跡，不過他並未遭受猥褻和性侵。

警方從丹尼的哥哥那裡了解到，他被一個白人男子尾隨

---

[02]　1 英里約 1,600 公尺。

■ 未能及時送報的報童—約翰·約瑟夫·約伯特

過。他只記得對方開著一輛黃褐色的汽車，在他和丹尼送報的時候慢慢跟在後面。在之後的排查工作中，有不少目擊者告訴警方，曾看到過一名白人男子開著車帶著十幾歲的男孩兜風。後來 FBI 也介入該案的調查中，並對凶手進行了心理側寫。FBI 認為凶手是一名年輕的白人男子，而且性心理異常。

1983 年 12 月 2 日，阿拉巴馬州奧馬哈的警方接到一起失蹤案。失蹤者是一名 12 歲的男孩，名叫克里斯多福·瓦爾登（Christopher Walden），在上學的路上失蹤，他的父親正是奧法特空軍基地的一名軍官。警方從目擊者那裡了解到，克里斯多福失蹤前曾和一名白人男子坐在一輛棕色的汽車裡。後來警方根據目擊者的描述，畫出了嫌疑人的模擬畫像，並將畫像登在報紙和電視上。

3 天後，兩名獵人在附近的樹林裡打獵時發現了克里斯多福的屍體，他身上的衣服雖然完整，但脖子上卻有很嚴重的刀傷，脖子幾乎就要被切斷了。警方認為，凶手在殺死克里斯多福時應該十分憤怒，不然不會下此狠手。

1984 年 1 月 10 日，案件終於取

得了突破性的進展,警方接到一名女子的報警電話,她看到了一個和通告裡的畫像十分相像的嫌疑人,還記下了他的車牌號。

報案者是一所小學的老師,她在 10 日這天早上 8 點半左右,看到一名可疑男子開著一輛車在學校附近繞。當她準備拿筆紙記下車牌號的時候,被男子發現了,男子威脅她,讓她趕緊滾,不然就殺了她。女子很害怕,立刻逃走了。

警方根據女子所提供的車牌號查到了租車行,後來警方又從租車行那裡了解到這輛車被奧法特空軍基地的一個工作人員給租走了。最後警方找到了租車人,他是奧法特空軍基地的雷達操作員,名叫約翰・約瑟夫・約伯特（John Joseph Joubert）,21 歲。

約伯特不僅符合 FBI 所描述的凶手特徵,還有一輛棕黃色的汽車,許多目擊者都反映自己看到了一輛可疑的棕黃色汽車。最關鍵的是,警方還發現捆綁在丹尼屍體上的繩子是奧法特空軍基地特有的,產自韓國,在全美都買不到。於是警方傳喚了約伯特。在之後的搜查中,警方在約伯特的宿舍裡發現了許多繩子、一把獵刀和 20 多本偵探小說,其中一本書就是專門描述如何殺死一名報童的。

在最初的審訊中,約伯特一直否認自己殺害了丹尼和克里斯多福,還說那些繩子是教練送給他的。後來約伯特提出

■ 未能及時送報的報童─約翰‧約瑟夫‧約伯特

　　了一個要求，他想和所在球隊的教練以及一名 14 歲的隊員談話，警方答應了約伯特的要求。之後，約伯特就認罪了，並開始交代所犯罪行。後來法證專家還將約伯特的牙齒咬痕和丹尼屍體上的咬痕進行了比對，比對結果顯示兩者完全吻合。

　　一名緬因州的警察在得知約伯特所犯的案件後，立刻聯想起了理察遇害案，他覺得理察的遇害與丹尼十分相似，就像同一個凶手所為。但約伯特認罪的時候，只承認自己殺害了丹尼和克里斯多福，並未提及理察。

　　後來警方在翻查理察遇害案的卷宗時發現，在理察遇害時，約伯特恰巧就在附近的軍事基地服役，而且理察身上的咬痕足以證明約伯特就是凶手。

　　在接受審判之前，約伯特接受了精神鑑定，鑑定結果顯示他的精神狀態很正常，在行凶時具有分辨是非的能力。法官採信了這項精神鑑定的結果，判處約伯特死刑。後來約伯特提出了上訴，這讓他的死刑得以推遲。不過約伯特的上訴被法庭一次次駁回了，他只能在監獄裡等待死亡的到來。

　　監獄裡的約伯特表現非常優秀，很喜歡閱讀文學名著，還經常作畫。在約伯特的大量繪畫作品中，就包括他殺害 3 名男孩的場景，他想公開自己的畫作，但被拒絕了。因為按照法律規定，為避免對被害人家屬造成二次傷害，此類作品

必須封存起來。想要公開，必須經過特殊批准。此外，約伯特還經常接受記者的採訪，這些訪談的內容後來集中在一起出了一本書——《殺戮需求》(*A Need To Kill*)。

1996 年 7 月 17 日，約伯特在內布拉斯加州被處死。

約伯特出生於麻薩諸塞州，他的父親在餐廳工作，母親在旅館工作。在約伯特的印象裡，他的父母總是發生爭吵，甚至還鬧到了分居的地步。約伯特曾在採訪中表示，他很小的時候，大約是六七歲的時候，就有了殺戮的幻想，從那以後他一直沉浸在殺戮的幻想中，直到開始殺人。約伯特在 7 歲時，曾被鄰居家的一個小姐姐照顧過一段時間，那個時候他就總是幻想著將小姐姐殺死，然後吃掉她。

10 歲時，約伯特的父母離婚了。約伯特的父母在離婚的時候一直在極力爭取他的監護權，最後母親勝利了，他跟著母親來到緬因州的波特蘭生活並在這裡長大。

母親對約伯特的要求很嚴格，不允許他和父親見面。約伯特為了和父親見一面，常常會趁著暑假騎腳踏車 100 多英里去看望父親。根據約伯特的回憶，他的母親是個脾氣非常糟糕的人，總會發火，一發火就摔東西，因此約伯特很害怕母親發火，每次都會躲起來，等母親平靜了，再出現在母親面前。約伯特從來沒有享受過母親的關心，這或許是他一直很自卑的根源所在。約伯特 12 歲的時候，他在一次自慰時被

未能及時送報的報童—約翰‧約瑟夫‧約伯特

　　母親發現了，母親對他又打又罵。從那以後，約伯特的性幻想對象就從女孩變成了男孩。13 歲時，約伯特故意用鉛筆戳傷一名女孩，看到對方哭泣的樣子，他居然獲得了一種極大的心理滿足感。

　　母親一直想讓約伯特進入當地的一所貴族學校讀書，但無奈學費太高，她根本無法承擔。約伯特為了滿足母親的願望，就找了一份送報紙的工作。在成功進入貴族學校後，約伯特成了被嘲笑的對象，同學們都覺得他是個同性戀。為了不再被嘲笑，約伯特還特地約了一個女孩去參加學校舉行的舞會，這也是約伯特唯一一次與女孩約會。

　　高中畢業後，約伯特去了佛蒙特州的一所軍校。來到這裡後不久，約伯特就染上了酗酒的毛病，常常因喝酒遲到，甚至徹夜不歸。一年後，約伯特申請加入空軍，但在正式入伍之前，他得去佛羅里達州訓練一段時間。在此期間，約伯特與一名男子建立了十分親密的關係。在進入奧法特空軍基地服役後，約伯特與該男子成了室友。不久之後，約伯特迷上了偵探小說。有一天，室友告訴約伯特，空軍基地的一名男子看上了他，讓他遠離約伯特。約伯特聽後十分生氣，他氣沖沖地離開了宿舍。一週後，約伯特的室友搬走了，約伯特似乎受到了很大的刺激，於是很快就犯下了第一起命案。

■【透過殺戮來體驗自己的存在】

　　據約伯特所言，促使他第一次去殺人的原因是室友搬走了，他既憤怒又失落，那是他唯一的好朋友，他非常看重這個朋友。約伯特甚至還企圖去尋找那個朋友，但被母親攔了下來，於是他就犯下了謀殺案。但這只是導火線而已，就算那個朋友沒有離開約伯特，生活中的某件事也會誘發約伯特去犯罪，因為他從六七歲的時候就開始幻想著殺人和吃人了，那些被害人身上的咬痕就是最有力的證據。後來約伯特在閱讀偵探小說的時候得知，警方會根據咬痕尋找凶手，因此在之後的作案過程中，他會用刀在被害人身上劃，以破壞屍體上的咬痕。

　　在接受精神鑑定的時候，約伯特告訴心理醫生，他從第一次殺人的過程中體會到了一種無限的滿足感，他覺得自己完全掌控了一個人的生命。此外，約伯特還提到自己在尋找目標和作案的時候並不會提前制定計畫，他只是在將自己的幻想付諸實踐。殺人後，約伯特會回到宿舍自慰，然後就睡著了，他從來不會覺得內疚。在監獄裡等待死刑的時候，約伯特接受了FBI的採訪，他提出了一個要求，想看看案發現場的照片，他想藉此滿足自己的邪惡幻想，或者自慰。

■ 未能及時送報的報童─約翰・約瑟夫・約伯特

　　許多連環殺手在提到他們所犯下的謀殺罪行時，都會表示興奮和滿足，就像一個癮君子在吸食毒品時所獲得的刺激感。有些連環殺手有個悲慘的童年，曾遭受過虐待或性侵，於是他們長大後就以虐待、殺害他人為樂。但還有許多連環殺手所經歷的童年與常人無異。約伯特雖然幼年就經歷了父母離異，母親對他管教得很嚴格，但有許多人和他有著相似的經歷，這些人並未變成連環殺手。

　　像約伯特這樣的連環殺手，從來不懂得何為愛和感情。當他提到自己的姐姐時，曾用「互不仇視」來形容自己與姐姐之間的感情。或許在他看來，這就是最具感情色彩的形容了。約伯特表面上看起來與常人無異，智商很高，但他的心理上存在致命的缺陷，他無法體會常人所擁有的情感，因為他的情緒喚醒度低、非常容易煩躁，他需要透過謀殺來使自己獲得情感刺激，從而體驗到自己的存在。

　　約伯特在十幾歲時，跟著母親一起上街。他看到一群人正在圍毆一個人，那個人看起來既害怕又痛苦。換作正常人，必然會對此人的遭遇感到同情，但約伯特卻覺得興奮。長大後，約伯特開始透過幻想折磨和殺害他人來獲得性快感。雖然約伯特是從 1982 年才開始殺人的，但十多年前他就一直沉浸在殺戮的幻想之中，被捕之後他也一直幻想著殺戮，終其一生他都無法擺脫這樣的邪惡幻想。對於他來說，

殺戮是他存在的意義。在約伯特被捕認罪之後，一名警察曾問過他一個問題：「如果有一天，你獲得了自由，你還會再殺人嗎？」約伯特想了想後回答說：「這恰恰也是我擔憂和害怕的，我會的。」

■ 未能及時送報的報童─約翰・約瑟夫・約伯特

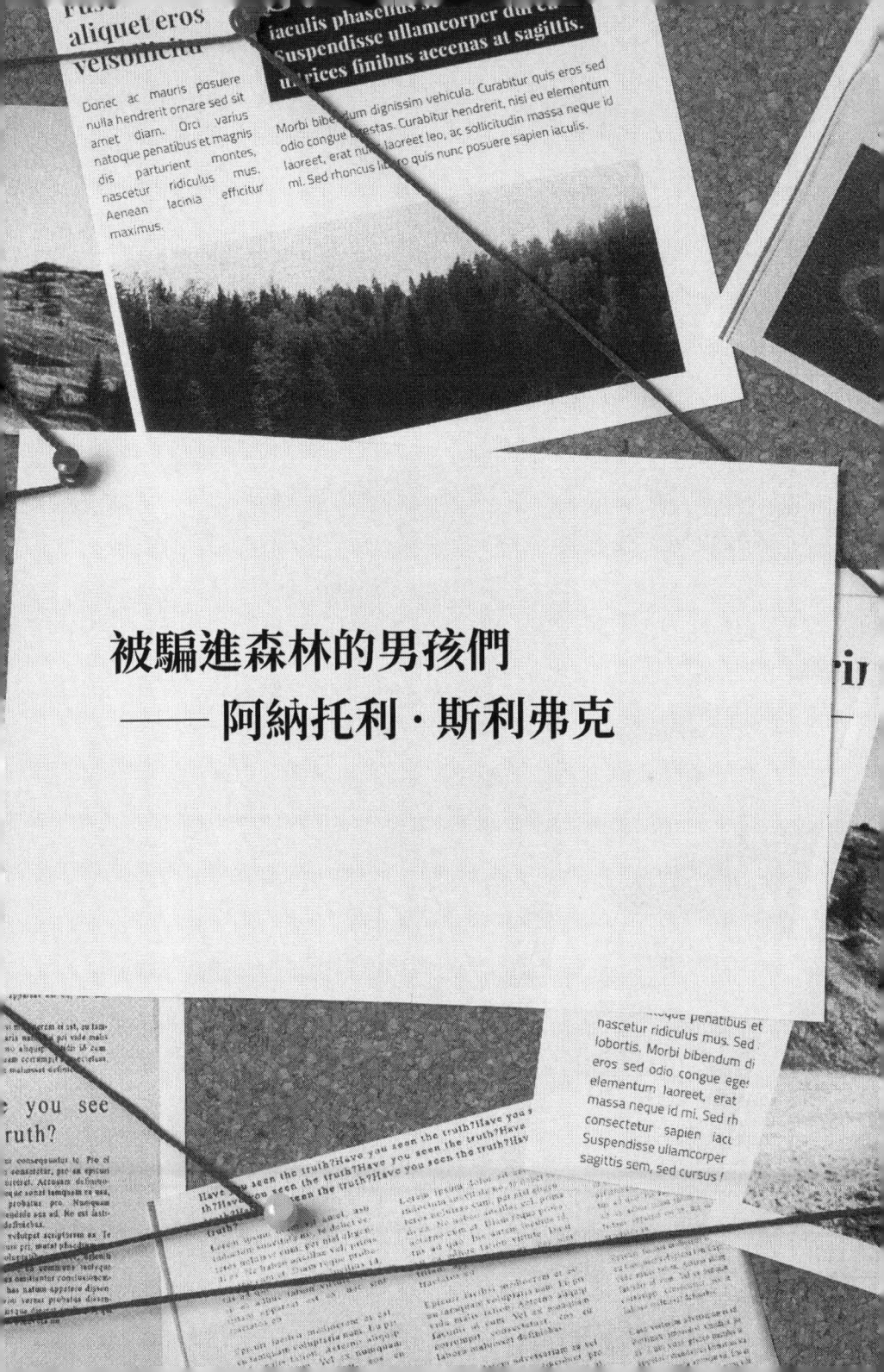

被騙進森林的男孩們
——阿納托利・斯利弗克

被騙進森林的男孩們—阿納托利·斯利弗克

1985 年 7 月 23 日，蘇聯斯塔夫波爾市的一個名叫塞吉·巴夫洛夫（Sergey Pavlov）的 13 歲男孩失蹤了。最後一個見到塞吉的人是他的鄰居，他在離家前對鄰居說自己要去和「查基得俱樂部」的管理者見面，這個管理者名叫阿納托利·斯利弗克（Anatoly Slivko）。

在塔夫羅波爾市，斯利弗克是個小有名氣的攝影師，他拍攝的短片還曾獲得過獎項。他管理著一個俱樂部，在當地頗受人們尊重，有一個溫柔的妻子和兩個可愛的孩子，看起來生活十分完美。

塔瑪拉·朗古葉娃（Tamara Languyeva）檢察官在 11 月分開始接手調查塞吉失蹤案，她並未被斯利弗克完美的外在形象所蠱惑，她認定塞吉的失蹤與斯利弗克脫不了關係。塔瑪拉在調查查基得俱樂部的時候，從一些男孩的口中得知，他們曾被斯利弗克做過一些「試驗」，具體的試驗過程他們都記不清了，只是在清醒後覺得身體很不舒服。

在接下來的調查過程中，塔瑪拉掌握了大量的斯利弗克的犯罪證據，例如一些失蹤男孩的皮鞋。還有一些攝影，斯利弗克很喜歡將自己的犯罪過程拍攝下來，有時會邊看攝影邊自慰。1985 年 12 月，斯利弗克被捕。

在殺人之前，斯利弗克曾將 43 名男孩騙到森林中進行各種猥褻和拍攝。由於被害人在被猥褻的時候都處於昏迷狀

態，根本不知道自己到底遭遇了什麼，因此即使事後覺得不舒服，也從未報警。

1961 年，此時的斯利弗克 23 歲，他在一條馬路上遇到了一起交通事故，當時一個醉酒的人駕駛著一輛機車衝進了人群，一名身穿少年先鋒隊[03]制服的男孩被汽油和火點燃了，他在大火中掙扎著，最後被燒死。斯利弗克親眼看到此景後不僅沒有覺得恐懼，反而很興奮，還產生了一種不可描述的性衝動。後來，斯利弗克就靠著回憶那天地獄般的場景來使自己獲得性滿足。

到了 1963 年，斯利弗克再也無法控制自己的變態幻想，他來到一家兒童俱樂部找到一份工作，他開始主動和俱樂部的男孩交朋友，經常給對方一些小恩小惠。很快，斯利弗克就與許多男孩建立了親密的關係，他們都很喜歡斯利弗克。

看到時機成熟後，斯利弗克就開始誘騙男孩和他一起去森林裡進行一項瀕死體驗的試驗。斯利弗克還會提前交代說，讓男孩穿上少先隊員的制服、擦亮皮鞋。在進入森林後，他會誘使男孩倒掛在森林中，他會說這樣有利於舒活筋骨，一旦男孩有何不適，就會被放下來。

由於被倒掛在空中時會出現嘔吐的現象，斯利弗克會叮囑男孩數小時前不要再吃東西了。斯利弗克會對男孩解釋

---

[03] 共產主義黨派中的青少年組織。

被騙進森林的男孩們—阿納托利・斯利弗克

說，這是醫學上的建議，例如一般人在做手術前都會被醫生囑咐禁止進食，不然在被麻醉後會出現胃部殘留物逆流的情況，一旦進入呼吸道，就很容易窒息，因為人在麻醉狀態下，其嗆咳和吞嚥反射會減弱。男孩一聽很有道理，就聽從了斯利弗克的安排。

斯利弗克將男孩吊起來之後，男孩會漸漸昏迷過去。趁著男孩意識不清的時候，斯利弗克會將男孩的衣服脫光，然後盡情地猥褻和拍攝。

起初，斯利弗克對猥褻和拍攝很滿足，他覺得這樣做很刺激。後來隨著次數的增多，猥褻和拍攝帶給斯利弗克的刺激越來越小，他開始不滿足於猥褻，想要將男孩折磨至死。

1964年6月2日，斯利弗克對一個15歲的流浪男孩出手了。被害人名叫尼古拉・多布里舍夫 (Nikolai Dobryshev)，他在與斯利弗克認識後就告訴對方自己離家出走了。相處了一段時間後，斯利弗克發現根本沒有人來找尼古拉，於是就將尼古拉騙到了森林中。

斯利弗克用粗繩將尼古拉綁起來並吊在樹上，然後開始猥褻他。後來斯利弗克發現尼古拉昏迷了過去，這一次他並未將尼古拉叫醒，而是將尼古拉肢解了，之後將屍體掩埋在森林中。這一切都被斯利弗克用攝影機拍了下來。

根據斯利弗克的說法，尼古拉的死完全是個意外，他根

本無意殺害尼古拉。但這次的殺戮卻讓斯利弗克覺得很刺激，他喜歡上了殺戮，為了滿足自己殺戮的欲望，他不得不去尋找合適的獵物下手。

1965年5月，斯利弗克將一個名叫阿列科塞・科瓦隆科（Aleksei Kovalenko）的男孩騙到森林中，像殺死尼古拉那樣殺死了他。

後來為了滿足自己變態的慾望，斯利弗克開了一家兒童俱樂部──查基得。這樣他就有更多的機會接觸男孩了，他也可以從中一一挑選自己喜愛的「獵物」。許多家長根本不知道斯利弗克是個披著人皮的惡魔，他們紛紛將自己的孩子送到查基得俱樂部，在他們看來，男孩們很安全，根本不必太在意。

在查基得俱樂部裡，斯利弗克是個管理者，男孩們都很信任他，他也利用這份信任和幾個年齡不大的男孩保持著密切的關係，並找了一個冠冕堂皇的理由將男孩一個個騙到森林中。斯利弗克會對男孩們說，他要拍攝一部電影，主要講的是勇敢的童子軍和納粹作戰的故事，哪個男孩想要成為電影的主角，就必須得穿上少年先鋒隊的制服跟他去森林。

這種題材的電影在當時的蘇聯十分流行，再加上斯利弗克是當地小有名氣的攝影師，男孩們自然很想參與電影的拍攝。於是，許多男孩都自願跟著斯利弗克來到了森林中。

■ 被騙進森林的男孩們—阿納托利・斯利弗克

到了森林中,斯利弗克會將攝影機開啟,然後告訴男孩會將他吊起來,斯利弗克還特意強調這不會有危險。當男孩被吊起來之後,他就被斯利弗克完全控制住了,對於斯利弗克來說他就變成了一個十分有趣、刺激的玩具,男孩會漸漸昏迷過去,這時斯利弗克會將男孩放下來,然後開始肆意折磨、猥褻男孩。

有些男孩會在斯利弗克的折磨中死去,斯利弗克就會將男孩的屍體肢解,然後在屍體上撒上汽油,將屍體點燃。等火焰熄滅後,斯利弗克會將被燒成焦炭的屍體埋藏起來。

1975年5月11日,斯塔夫波爾的警方接到一名中年女子的報案,她對警察說自己11歲的兒子安德烈・波加相(Andrei Pogasyan)失蹤了,他是查基得俱樂部的成員,失蹤前曾告訴她,自己要去附近的森林裡參加一部電影的拍攝,他還告訴自己攝影師是斯利弗克。但警察根本不相信這位母親的話,在警察看來,斯利弗克是個守法的公民,還是個拿過獎項的攝影師,安德烈的失蹤肯定與他毫無關係。

被捕後,斯利弗克只交代了6名被害人的屍體所在地,因為他殺的人太多,其他被害人的屍體埋藏地實在記不清了。最終,斯利弗克被判處死刑。

在等待死刑的過程中,斯利弗克以變態連環殺手的身分,協助警察追查另一個連環殺手——有著「俄羅斯食人

魔」之稱的安德烈‧齊卡提洛（Andrei Romanovich Chikatilo）。不過斯利弗克所提供的線索根本沒派上用場，他對齊卡提洛的預測都是錯誤的。

■ 被騙進森林的男孩們—阿納托利・斯利弗克

■【強烈的支配欲望】

對於任何一個正常的人來說,目睹一起嚴重的交通事故、看著一個男孩被活活燒死,都會造成十分強烈的視覺衝擊,很有可能會帶來十分嚴重的心理創傷,有些人甚至需要在心理醫生的幫助下才能從這段創傷中走出來。但斯利弗克卻對此產生了性衝動,好像發現了有趣的事情一樣,很顯然他是個心理病態者。即使沒有這場意外事故,斯利弗克也會透過其他管道讓自己的病態愛好得以激發。

一個人對自己所遭遇的一切會做出什麼樣的反應,相當程度上取決於他的人格。例如斯利弗克在看到被火燒死的男孩時會覺得興奮,甚至會常常幻想著如何折磨一名男孩讓自己達到性高潮。如果換作一個有著正常人格的人,他會非常同情那名意外喪命的男孩,還會對那個場景感到恐懼。

在斯利弗克的罪行被揭發前,他在當地有著良好的聲譽,是個小有名氣的攝影師,還有幸福美滿的家庭,與犯罪毫不沾邊。但實際上他只是十分擅長隱藏罷了,他不會輕易將自己腦中所幻想的暴力和殘酷表達出來。當然,他的良好聲譽其實也是一種掩護,例如在失蹤者安德烈的母親報警的時候,警察根本不相信她的話。如果警察能稍做留意,就

會發現失蹤的男孩都與斯利弗克的查基得俱樂部脫離不了關係。

斯利弗克猥褻和殺死的男孩都很年幼,年齡在 12～15 歲之間,從來沒有超過 17 歲的男孩。犯罪心理學家認為,斯利弗克之所以會找 17 歲以下的男孩下手,是因為他對性交對象有著十分強烈的支配欲望,他不喜歡性交對象反抗自己,因此他總是將男孩吊暈,對昏迷的男孩進行猥褻,甚至是玩弄屍體。

此外,斯利弗克還是個戀物癖者,他會將男孩的皮鞋取下來當作戰利品帶回家,然後將鞋子洗乾淨放到櫃子裡,時不時地拿出來欣賞,順便回味一下猥褻、殺害男孩的過程。

■ 被騙進森林的男孩們—阿納托利・斯利弗克

毀滅日本動漫產業的宅男
—— 宮崎勤

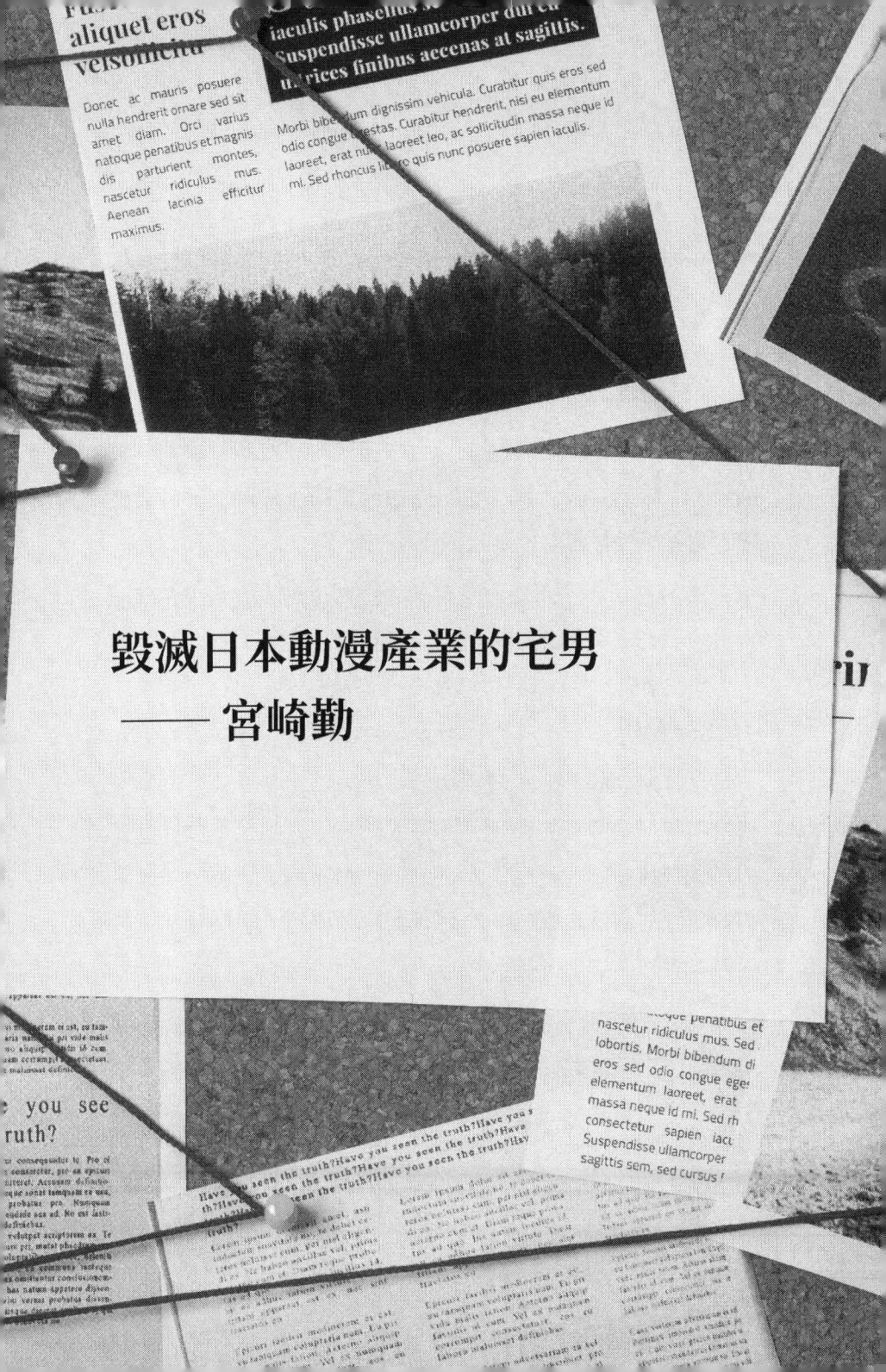

毀滅日本動漫產業的宅男—宮崎勤

1988 年 8 月 22 日,日本埼玉縣入間市的警方接到一對夫婦的報案,他們 4 歲的女兒今野真理在自己家附近失蹤了。即使在警方的幫助下,這對夫婦也沒有找到自己的女兒,一直沒發現今野真理的蹤跡。

10 月 3 日,埼玉縣飯能市也發生了一起女童失蹤案,失蹤者是 7 歲的吉澤正美,也是在自己家附近失蹤,父母雖然報了警,但仍然沒有找到吉澤正美的下落。

12 月 9 日,埼玉縣川越市的 4 歲女童難波繪梨香在自己家附近玩耍的時候失蹤。這是埼玉縣在短短幾個月內發生的第三起女童失蹤案,讓當地警方十分頭痛。

6 天後,有人在埼玉縣名慄村附近山上的森林中發現了一具全身赤裸的女童屍體,後經證實死者正是 9 日失蹤的難波繪梨香。她脖子處有十分明顯的勒痕,很顯然是被人勒死的。難波繪梨香遇害的消息立刻被媒體報導,一時間引起了十分激烈的討論,人們紛紛譴責凶手的殘忍,居然會對一個年僅 4 歲的小女孩下狠手。

12 月 20 日,就在難波繪梨香的父親還沉浸在女兒慘死的悲痛之中時,收到了一張神祕的明信片,不知道是誰寄過來的。上面所寫的內容難波繪梨香的父親也看不懂,於是就交給了警方。

警方在看到明信片後,立刻覺得這極有可能是凶手寄來

的，上面所寫的內容應該是凶手自創的密碼，於是警方特意邀請日本密碼專家來進行破譯。破譯出的內容是：「難波繪梨香雖然死了，但她很快樂。」

1989年2月6日深夜，今野真理的父母發現家門口有一個紙板箱，當他們開啟後，發現裡面有灰、炭化的木片，還有一些燒焦的細小人骨以及一條粉色短褲、拖鞋，一張紙片上還寫著「真理」、「遺骨」、「燒」、「證明」、「鑑定」五個詞，組合起來的意思是：「今野真理的遺骨，火化過，你們可以鑑定。」今野真理的父母立刻將這個紙板箱交給了警方，警方懷疑裡面可能是今野真理的遺骨。經過鑑定之後，遺骨的確是今野真理的，但有10顆牙齒不屬於今野真理。

2月10日，《朝日新聞》東京總社收到了一封宣告信，這封宣告信被郵寄者取名為《罪行宣告》，裡面的內容主要是講述殺害今野真理的過程，而且這封信都是影印出來的。警方看到這封宣告信後，懷疑是凶手寄來的。有許多連環殺手都非常喜歡炫耀自己所犯的罪行，而他們常常會採用和報社聯絡的方式來達到炫耀的目的。雖然信的內容十分殘忍、瘋狂，但凶手陳述的語氣相當平穩。

2月11日，今野真理的父母也收到了類似的宣告信。

3月11日，《朝日新聞》東京總社和今野真理的父母再次收到凶手寄的信，信中凶手所使用的語氣不再平穩，而是帶

毀滅日本動漫產業的宅男—宮崎勤

著挑釁的語氣。例如凶手在信中寫道：「感謝你們舉行葬禮。」這讓被害人家屬的憤怒達到了極點，他們向警方施壓，希望警方能盡快將凶手抓捕歸案。

6月6日，東京都發生了一起女童失蹤案，失蹤者是5歲的野本綾子，居住在江東區東雲，在自己家附近玩耍時失蹤。

6月11日，有人在埼玉縣飯能市宮澤湖靈園內的流動廁所裡發現了一具全身赤裸、無雙手、無雙腳、無頭的女童屍體。後經證實，死者正是幾天前失蹤的野本綾子，警方懷疑殺死野本綾子的凶手與殺害埼玉縣3名女童的凶手是同一人。野本綾子的慘死讓埼玉縣的人們變得恐慌不已，顯然凶手是個十分變態的連環殺手，專找女童下手，而且作案手段越來越殘忍。警察廳十分重視這幾起連環女童失蹤遇害案件，於是專門成立了專案組，集中調查這幾起案件，希望盡快將凶手抓捕，避免更多無辜女童被害。

7月23日，東京都八王子市的警察局走進來兩個男人。其中一名男子告訴警方，自己6歲的女兒被這名男子誘拐上了一輛汽車，他看到後立刻尾隨其後，後來他發現男子將自己的女兒帶到了一處偏僻的樹林中，而且試圖脫下女兒的衣服進行全裸錄影，於是他立刻上前將該男子制服，並扭送到警察局。於是警方以猥褻罪將該男子拘留。

該男子名叫宮崎勤，27歲，在東京都八王子市印刷廠工

作。警方在宮崎勤的住所搜查時，發現了大量的幼童系性愛和虐待系漫畫、驚悚恐怖片、動畫、特攝（特殊攝影）片。這些發現說明宮崎勤有變態嗜好，最關鍵的是警方還找到了許多被害人的物品，以及宮崎勤拍攝的虐待、殺害被害人的錄影，此外宮崎勤還將自己姦淫被害人屍體的場面也都拍攝下來。這些證據可以充分證明宮崎勤就是殺害4名女童的凶手。

8月9日，宮崎勤承認自己殺害了野本綾子，願意帶著警方去尋找野本綾子的頭部。第二天，警方根據宮崎勤所提供的線索，在東京都奧多摩町找到了野本綾子的頭部。8月13日，宮崎勤承認殺害了今野真理和難波繪梨香。9月5日，宮崎勤承認殺害了吉澤正美，並提供了掩埋吉澤正美屍體的地點，他還按照警方的要求，自然地演示了殺害吉澤正美的過程。第二天，警方在東京都五日市町向日峰附近找到了吉澤正美的遺骨和遺物。

1990年3月30日，宮崎勤接受了審判。庭審中，宮崎勤坦承自己殺害了4名女童，並肢解了她們的屍體，他還提到自己會和屍體一起睡覺，會喝下被害人的血、吃下被害人的部分屍體，例如野本綾子被切下的雙手、雙腳就被宮崎勤吃掉了。宮崎勤的供述讓庭上的所有人都十分震驚，陪審團中有人懷疑宮崎勤的精神不正常，於是法庭為宮崎勤安排了一次精神鑑定。

毀滅日本動漫產業的宅男—宮崎勤

慶應大學的保崎秀夫等人為宮崎勤做了精神鑑定。1992年3月31日，保崎秀夫終於得出了鑑定結果，主要有三條：1. 極端的性格偏執症，雖然通常處於精神病狀態下，但具有刑事責任和行為能力。2. 解離性人格疾患，偶爾會處於有限的責任和行為能力狀態中。3. 思覺失調症。

1992年11月11日，宮崎勤再次接受審判。這次庭審過程中，宮崎勤提到自己在決定殺害女童前，吃掉了祖父的遺骨，因為他相信只要他吃掉女童，就可以令祖父復活，但他又擔心如果留著祖父的屍體，到時候會出現兩個祖父。宮崎勤與祖父的感情非常好，所有家人中只有祖父會關心他。辯護律師以宮崎勤精神不正常為由要求法庭再次為宮崎勤進行精神鑑定，於是審判只能中斷。這次鑑定結果顯示宮崎勤具有解離性人格、性倒錯、性變態、虐待狂、食人等特徵，失去了判斷能力，從而導致行為異常。

宮崎勤所犯案件在當時的日本社會引起了巨大轟動，人們紛紛呼籲判處宮崎勤死刑，很多有女兒的家長會成天守在關押宮崎勤的拘留所門前，以表達對宮崎勤的憤怒，有些被害人家屬在接受採訪時甚至表示想要親手宰了宮崎勤。

1996年，宮崎勤又在法庭上接受審判，檢察官提出宮崎勤犯有強姦猥褻、誘拐、殺人、屍體毀損、屍體遺棄等罪名，應該被判處死刑。辯護律師則聲稱，宮崎勤的精神狀態

明顯不正常。

1997年4月14日,宮崎勤在東京地方法院接受審判,被判處死刑。宮崎勤對此項判決結果表示不服,立刻提起上訴。

2001年6月28日,宮崎勤在東京高等法院接受審判,依舊被判處死刑。宮崎勤則以解離性人格、無行為能力為由繼續提起上訴。

2006年1月17日,東京地方最高法院在審理了宮崎勤的案件後,駁回了宮崎勤的上訴,宣告判處死刑。不過宮崎勤並未出現在法庭上,而是在監獄裡等待宣判結果。當得知自己再一次被判處死刑後,宮崎勤表現得很冷靜,他用十分平淡的語氣說:「一定是哪裡出錯了。過不了多久,我就會被無罪釋放。」

在十多年的司法流程裡,宮崎勤沒有表現出任何悔意,也從未向被害人及其家屬致歉,他將所有的罪責都推到一個所謂的「鼠人」身上。他說所有壞事都是鼠人幹的,與他無關,他甚至還畫出了鼠人的樣子。

宮崎勤出生於一個顯赫、富裕的家庭,他的家族在當地十分有名,上三代全是當地官員,父親則從事印刷及出版地方報紙的業務。由於宮崎勤父親體弱多病,於是祖父期望子孫的身體能夠強壯,替宮崎勤取了一個帶「力」的名字。但宮

毀滅日本動漫產業的宅男—宮崎勤

崎勤卻並未達到祖父的期望，他患有「先天性骨黏合症」。

3歲時，宮崎勤的父母發現他有些不正常，他的雙手無法舉高，甚至連用手向上抓東西這樣簡單的動作都做不到。於是宮崎勤被送到醫院接受檢查，醫生在檢查時發現宮崎勤患有非常罕見的先天性骨黏合症，這種病在日本歷史上僅有150名患者。由於此病是先天性的，即使動手術，也只有1%的希望，於是宮崎勤的父母就放棄了治療。

4歲時，宮崎勤像所有的日本兒童一樣被父母送到幼稚園。幼稚園的小朋友很快就發現宮崎勤的雙手與他們不一樣，例如無法拿東西，於是小朋友們替宮崎勤取了一個「怪異者」的外號。

由於雙手殘疾的緣故，宮崎勤儘管成績優異，但還是會遭到同齡人的嘲笑，這使他養成了內向的性格。宮崎勤除了上學外，總會一個人待在家裡看漫畫、看電視，從來不會和同學一起玩。

不過宮崎勤的成績一直名列前茅，尤其是數學和英語學得更好。後來宮崎勤開始迷上了解謎，還成了《熱狗通訊》、《大力水手》等雜誌解謎小遊戲的特約投稿者。在殺害4名女童時，宮崎勤還試圖模仿黃道十二宮連環殺手[04]，寄一些由

---

[04] 一名於1960年代晚期在美國加州北部犯下多起凶案的連環殺手，案件至今未偵破。

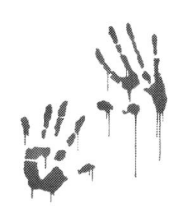

密碼組成的信給被害人家屬、報刊，而這些密碼都是他自己設計的。

後來宮崎勤迷上了錄影和剪輯，他花了一大筆錢買了臺錄影機，會錄製一些自己喜愛的電視節目，並進行剪輯。

宮崎勤與父母之間的關係很糟糕，他覺得父母對自己管教得太嚴格，相較於他，父母更喜歡弟弟。因此宮崎勤被捕之後，他一直與家人保持著距離。而當得知父親因自己所犯的罪行羞愧得跳河自殺時，宮崎勤說：「父親死了會讓我感到精神一振，會覺得很爽。」

不過宮崎勤與祖父的關係卻很好，他覺得祖父是唯一關心自己的家人。但在1988年，宮崎勤的祖父因腦溢血去世了，這給宮崎勤帶來了致命的打擊，他本就內向的性格變得更加古怪，常常與家人發生爭執。

從那時起，宮崎勤就出現了偷竊行為，他會四處去偷錄影帶，即使他並不缺錢。在祖父去世的3個月後，宮崎勤度過了自己的26歲生日。過完生日的第二天，宮崎勤就誘拐並殺害了今野真理。

宮崎勤每次作案時都會開著車，看到小女孩後，就會下車將對方誘騙到自己車上，並開車來到偏僻處將被害人殺死，之後他會猥褻被害人的屍體，最後肢解屍體，並拋屍。宮崎勤在殺害今野真理後，將她的屍體丟棄在一個偏僻的地

毀滅日本動漫產業的宅男—宮崎勤

方。過了一段時間後，宮崎勤又回到了拋屍地點，他將屍體焚毀，並將焚燒後的殘餘物和今野真理的衣物一起送給了她的父母。

宮崎勤所選擇的作案時間一般集中在下午 3 點到 6 點半之間，正好是托兒所或小學放學的時間，許多小女孩都會在一些公共場合，例如大街、公園、學校附近玩耍，而小女孩的家人一般會放任孩子獨自玩耍，而不是看著她。這就給了宮崎勤可乘之機，他會主動上前和被害人搭訕，然後以玩耍、拍照等理由將被害人騙上車。宮崎勤看上去並非凶神惡煞，反而像鄰家男孩一樣，給人一種溫和厚道的感覺，因此他很容易得到小女孩的信任，可以輕易將小女孩騙上車。而在宮崎勤被捕之後，人們除了憤怒外，還很震驚，畢竟宮崎勤看起來那麼溫和靦腆、無害。

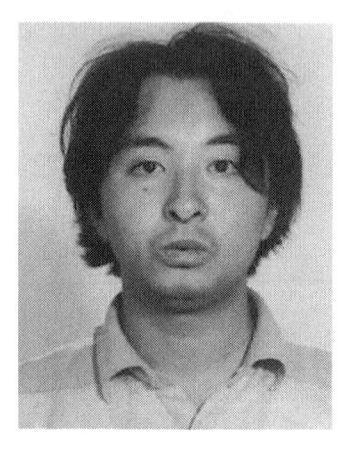

如果不是宮崎勤在準備對第 5 名小女孩下手時，正好被小女孩的父親發現，還會有更多的小女孩喪命於宮崎勤手中，那麼警方在調查中為什麼沒有懷疑上宮崎勤呢？除了無害的外貌外，宮崎勤出身世家、家境富有，以及優越的生活條件成了警方調查的

死角。警方基本上不會懷疑一個從未有過前科的富家子弟，而且宮崎勤還殘疾、體弱多病，看起來與一個變態殺人狂完全不符。此外，宮崎勤由於性格內向、孤僻，沒有朋友，整天獨自一人沉浸在漫畫和遊戲中，幾乎沒有人了解宮崎勤的行動。

宮崎勤事件除了帶給日本社會巨大的震驚和憤怒外，還引起了許多人的擔憂和反思，因為宮崎勤是個典型的宅男，沉迷於動漫遊戲中。他在現實生活中由於性格孤僻，難以接近女性，只能透過一些重口味的幼童系性愛、虐待系漫畫來使自己獲得性刺激。總之，宮崎勤明顯受到了動漫文化的影響，無法分清虛假幻想和現實之間的界線，才做出了令人毛骨悚然的行為。

連環殺手泰德・邦迪在被處決之前提到了暴力色情作品對他的影響：「色情作品中最具破壞性的就是性暴力，當你看過性暴力之類的色情作品後，你就會上癮，你會從中得到興奮感。漸漸地，你對性暴力元素的要求會越來越變態，當你的這種變態嗜好達到極致之後，你就會開始幻想，如果真正去做會帶來更大的快感，遠遠超過閱讀和觀看時的快感。」或許宮崎勤就如同泰德・邦迪一樣，不再滿足於漫畫帶來的性刺激，開始殘害女童。宮崎勤會將殘害女童的過程都錄下來，日後他會看著這些錄影進行自慰。

■ 毀滅日本動漫產業的宅男—宮崎勤

不過宮崎勤所犯罪行的驚悚程度已經遠遠超過了正常人的承受能力，就連驚悚電影也比不上。警方在發現這些錄影帶後，就請了有著十幾年辦案資歷的警察觀看，他們都無法看下去，會忍不住轉過頭。

由於宮崎勤事件的影響，御宅族受到了許多白眼和歧視，被人們貼上了變態的標籤。日本動漫遊戲產業同樣遭受了毀滅性的打擊，漫畫被看成是有害圖書，受到許多人的聲討、批判；一直到 1995 年，漫畫的銷量才得以恢復，但漫畫的印刷量仍然只有 1987 年的十分之一。

■【色情作品和性暴力】

我們如今所生活的社會被媒體大爆炸包圍著，而暴力元素是媒體環境所必不可少的。例如充滿了暴力元素的電影、電子遊戲往往有很廣闊的市場，在電影、漫畫和電子遊戲中，暴力的現象十分常見。隨著技術的進步，電影和遊戲會帶給人們更真實的體驗，在 3D 畫面中，會給人一種身臨其境的感覺，讓人難以分清現實和虛幻之間的界限。

由於網際網路的發展，人們可以輕易獲得色情作品。色情作品為了帶給觀看者更強烈的性刺激，往往會新增暴力的元素。常見的性暴力主要是強姦，有不少色情作品都會涉及強姦。在虛構的場景中，一個男人會採取暴力的手段試圖和一個女人發生性關係，起初女人會進行反抗，但漸漸地她的性慾被喚醒，開始出現性興奮，並享受這次強姦。這些虛擬的場景會使觀看者產生一種扭曲的認識，即「強姦謬論」。

強姦謬論認為，女性對性騷擾的態度是歡迎的，當她拒絕一個男人的性要求時並非真的意味著拒絕，男性可以採用強制，甚至是暴力手段和女性發生性關係，因為在性暴力的色情作品中，女性會漸漸享受強姦帶來的性快感。但實際上，女性在遭受強姦時並不會做出享受的反應。

毀滅日本動漫產業的宅男—宮崎勤

調查研究顯示，如果一個男人經常觀看色情電影，尤其當內容涉及了性暴力，那麼他更可能出現具有攻擊性的行為，例如對自己的戀人進行身體攻擊。

有不少色情作品的內容會涉及兒童，即對未成年人的性活動進行拍照或錄影，其中往往涉及對兒童的剝削和虐待。調查顯示，絕大多數因猥褻、強姦兒童被捕的罪犯都觀看過兒童色情作品。顯然，兒童色情作品助長了此類罪犯企圖傷害兒童的幻想。

不過人們在觀看色情作品時會具有一定的選擇傾向，這取決於觀看者自己的喜好。例如宮崎勤就會看一些重口味的幼童系性愛、虐待系漫畫，他甚至還會將虐殺女童的過程拍攝下來，然後一邊觀看一邊進行自慰。像他這樣的變態癖好，絕大多數人都無法接受。

色情作品雖然會對觀看者的行為產生一定的影響，但並不表示色情作品一定會導致性暴力行為的出現。像宮崎勤這樣的變態連環殺手，漫畫不應該成為他為自己罪行開脫的理由。

在宮崎勤的成長過程中，他的父母對他管教很嚴格，再加上雙手的殘疾，讓宮崎勤的性格變得孤僻內向，長期宅在家裡看漫畫，並漸漸接觸到幼童系性愛、虐待系漫畫，如果他能早早地得到父母的正確引導，那麼或許他就不會朝女童

下手。研究顯示，兒童和青少年更容易受到暴力媒體的影響，會出現模仿行為。例如一個孩子經常觀看暴力電影，那麼短時間內他的行為會變得具有攻擊性。但只要在父母的正確引導下，也會消除暴力電影的影響，形成正確的認知，將現實生活和虛構的暴力場景分開。

■ 毀滅日本動漫產業的宅男─宮崎勤

無法控制的吃人衝動
——傑佛瑞・丹墨

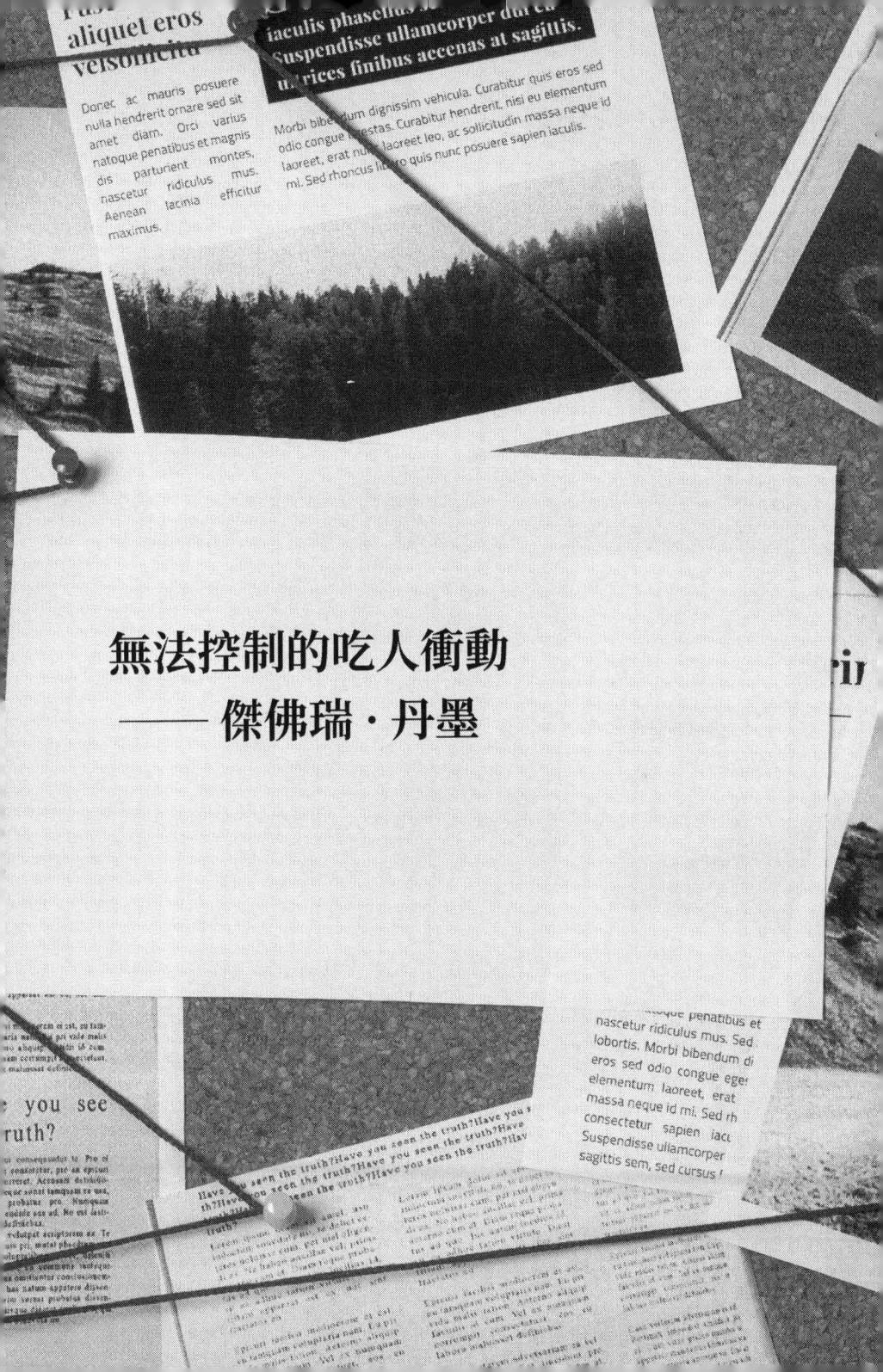

■ 無法控制的吃人衝動—傑佛瑞・丹墨

　　1991 年 7 月的一天晚上，羅爾夫和羅斯兩名警察像往常一樣在街上巡邏。這時，一名黑人青年跌跌撞撞地朝他們跑過來。黑人青年名叫崔西・愛德華（Tracy Edwards），他告訴警察附近有一個人想要殺死他，還說要剖開他的心吃掉。

　　在崔西的帶領下，羅爾夫和羅斯來到了一戶人家，結果崔西發現找錯了。第二次，他們找對了，並在這家發現了一把沾滿血跡的刀。很快，羅爾夫和羅斯就看到了牆壁上的照片，這不是普通的照片，都是一些令人恐懼、作嘔的照片，例如有些照片上顯示著一顆被浸泡在水池裡的人頭；有些照片上則是一具人體，從喉嚨到腹股溝整個拉開，就連盆骨都清晰地顯示著；有些照片則是被害人死亡之前的狀態，被捆綁起來，並被強迫擺出令人難堪的淫蕩姿勢。

　　羅爾夫和羅斯看到這些照片後立刻意識到他們面對著一個惡魔般的殺人兇手，於是就拿出手銬將這家的男主人銬住了。

　　兩名警察從一進門就聞到了一股難以形容的惡臭，在控制住兇手後，便開始在房間裡進行搜查。這次的搜查讓兩名警察留下了十分深刻的印象，他們在職業生涯中從未遇到過這樣的場景。房間裡有幾個塑膠桶，當警察開啟桶的時候發現了許多殘缺的屍體。警察還發現了一些瓶子，瓶子裡浸泡著一些男性生殖器。當警察開啟冰箱的時候，本能地後退了

一步，忍不住罵道：「×的，這是一顆人頭！」冰箱裡一共有三顆人頭，還有一些零碎的人肉。

被捕的人名叫傑佛瑞·丹墨（Jeffrey Dahmer），在當地是個十分普通的人。當丹墨所犯下的罪行被曝光之後，立刻在當地乃至全國引起了巨大的轟動。

崔西告訴警方，他與丹墨是第一次見面，對他很有好感，於是就答應到丹墨家中喝酒。他萬萬沒想到自己落入了一個恐怖殺人魔和食人魔的陷阱之中。

到了丹墨家中後，丹墨說《大法師》的放映時間到了，這是他最喜愛的電影，希望崔西能與他一起到臥室觀看。崔西爽快地答應了，當他走進臥室的時候立刻聞到了一股難聞的味道，他不知道在丹墨的房間裡有許多屍體碎塊，而臭味就是屍體腐爛散發出來的。進入房間後不久，崔西就注意到牆壁上貼了很多照片，當他仔細看的時候，立刻被嚇到了，上面盡是一些屍體碎塊和死人，看起來十分恐怖。

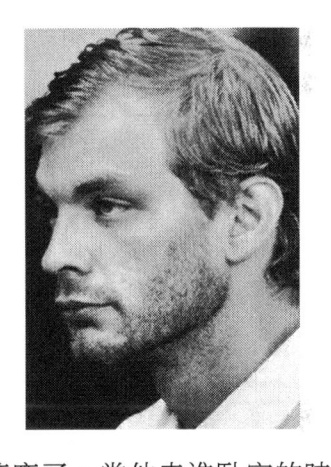

就在崔西驚魂未定之時，他被丹墨用手銬銬住了，幸運的是，由於崔西的劇烈掙扎，丹墨只銬住了他的一隻手。隨

無法控制的吃人衝動─傑佛瑞・丹墨

後，丹墨拿出了一把刀，並用力刺向崔西的胸口，幸好沒有刺穿心臟。崔西一邊不停地躲避丹墨的攻擊，一邊試圖逃出屋子。崔西害怕極了，他不停地求饒，希望丹墨能饒他一命。但丹墨卻說：「我要挖出你的心臟，然後煮著吃了。不過在此之前你得赤裸著身體讓我拍幾張照片。」說著，丹墨就起身去拿照相機。就在此時，崔西用力地撞向丹墨的頭部，丹墨一下子被撞倒了，崔西趁此機會立刻站起來逃了出去，他在路上遇到了兩名巡邏的警察，這才獲救。

儘管丹墨在被捕的時候反抗十分激烈，但在審訊的時候卻很快承認了自己所犯下的罪行。據丹墨交代，他第一次殺人是在18歲，被害人名叫史蒂芬・希克斯（Steven Mark Hicks），是個黑人。

當時希克斯搭乘了丹墨的車，丹墨邀請希克斯去自己家中喝酒，並說家中只有自己一個人，家人都去親戚家了。希克斯一聽就同意了。

到了丹墨家中後，他們一邊喝酒一邊聽音樂。丹墨本以為這會是一個愉快的夜晚，但希克斯的一句話讓他突然有了殺人的念頭，希克斯說：「今天已經很晚了，我得走了，我們改天再約吧！」丹墨不希望希克斯離開，卻不知道該說些什麼話挽留他，他突然覺得如果殺了希克斯，那麼希克斯就能永遠陪伴在他的身邊了。

就在希克斯準備轉身離開的時候，丹墨用啞鈴朝著他的腦袋砸了過去，希克斯一下子就被砸暈了。之後丹墨狠狠地掐住希克斯的脖子，直到希克斯停止了呼吸。然後，丹墨將希克斯的屍體切割成若干塊並放進了一個大塑膠袋中。

當時，丹墨還和家人居住在一起，他只能小心翼翼地將裝著屍塊的塑膠袋藏在自己的臥室中。但隨著屍體的腐爛，惡臭漸漸從丹墨的房間裡散發出來，為了避免被家人發現，丹墨只能偷偷將屍塊埋在屋後的樹林中。

之後的幾天內，丹墨一直留意著屋後樹林的情況，當發現那個地方經常有小孩子玩耍時，他開始擔心屍體會被孩子們發現，於是他趁著夜色將屍體挖出來，此時屍體已經分解掉了，只剩下了骨頭。丹墨將這些骨頭砸成碎片，隨意地撒在了樹林裡。丹墨喜歡在住所附近處理屍體，尤其喜歡將屍體留在家裡，他認為這樣能將被害人永遠留在自己的身邊。後來丹墨想到了一種更好的挽留辦法，即吃掉被害人的部分屍體，尤其是吃掉被害人的心臟。

這是丹墨第一次殺人，丹墨認為這完全是一次意外，如果當時希克斯不離開，而是整晚陪在他的身邊，那他或許就不會殺死希克斯了。丹墨覺得自己一直深陷孤獨之中，沒有人願意永遠陪伴在他的身邊，就連平時他十分善待的流浪者也不願意陪他，所以他開始殺人，殺死那些企圖離開自己的人。

無法控制的吃人衝動─傑佛瑞・丹墨

希克斯的失蹤並未引起人們的注意，丹墨很快就恢復了正常，像往常一樣繼續生活。不久之後，丹墨的生活發生了巨大的改變，他的父母因感情不和開始鬧離婚。丹墨已經成年了，如果父母離婚了，那就意味著他今後要獨自生活，他很痛苦，就連父母也不能永遠陪在他的身邊。但父母卻並未注意到丹墨的痛苦，他們的全部精力都放在了爭奪小兒子大衛的撫養權上。最後母親帶著大衛離開了，家中只剩下丹墨和父親。

沒過多久，丹墨也離開了家。一段時間後，丹墨帶回了一個女朋友，而且進入俄亥俄州立大學的哥倫布分校學習。在學校待了沒多長時間，丹墨就去參軍了。後來丹墨因酗酒被軍隊開除了。離開軍隊後，丹墨回到了家鄉，和祖父母居住在一起。丹墨一直渴望能和一個女人結婚並組建一個家庭，但沒有女人能忍受丹墨的變態行為，例如在公共場合露陰和小便等。儘管丹墨因此被拘留過，卻屢教不改。

1987年的一天，一個名叫史蒂芬・托米（Steven Walter Tuomi）的男子與丹墨在汽車旅館喝酒的時候意外死亡。根據丹墨的交代，那天晚上他和托米相談甚歡，兩人都喝了許多酒，最後喝得不省人事。當丹墨醒來後發現托米已經口吐鮮血死了。丹墨看到托米的屍體後，只想將屍體帶回家，而不是報警。

丹墨將托米的屍體裝進行李箱並帶回了家。看著托米的屍體，丹墨突然有了十分強烈的性衝動，於是他開始性侵屍體，並對著屍體手淫。發洩完性慾後，丹墨開始用刀肢解屍體。這次意外事件讓丹墨迷上了殺人的樂趣。

　　很快，丹墨開始渴望殺人，他誘拐了一名14歲的男孩並將其殺死。不久之後，丹墨碰到了一個認識的人，他名叫理察・格雷羅（Richard Guerrero），當時格雷羅準備去找朋友玩，碰到丹墨後就打了個招呼，丹墨邀請格雷羅去家中喝酒，結果格雷羅沒能活著走出丹墨的住所。

　　丹墨與祖父母住在一起，為了避免祖父母發現自己見不得人的勾當，他只會在地下室處理屍體。丹墨的祖母發現，丹墨很喜歡在地下室待著，而且一待就是一整晚。在晚上的時候，地下室總會傳來敲敲打打的聲音。祖母不知道丹墨在做什麼，也不想干涉丹墨，但當她聞到從地下室傳來的氣味時，就對丹墨說，希望丹墨能獨自出去找房子住。祖母的這個要求讓丹墨覺得很傷心，他以為祖母要離棄他。但在祖母的堅持下，丹墨只好搬了出去。

　　獨自居住後不久，丹墨就因猥褻罪被拘留了。獲得自由後不久，丹墨就去了一家同性戀酒吧買醉，這是他經常去的酒吧。

　　在酒吧裡，丹墨和一個名叫安東尼・希爾斯（Anthony

無法控制的吃人衝動—傑佛瑞・丹墨

Lee Sears）的男人聊得很愉快。丹墨對希爾斯說：「我是這家酒吧的常客，經常在這裡喝酒。如果你願意的話，你可以去我家。到時候我們可以玩點更刺激的遊戲，可以盡情地喝酒和做愛，還可以拍點裸照。」希爾斯一聽心動了，就跟著丹墨離開了酒吧。

到了丹墨家中後，兩人便開始做愛。希爾斯只覺得丹墨是個普通的同性戀而已，並沒有提高警惕，所以當丹墨端給他一杯酒的時候，希爾斯毫不猶豫地喝了。這是一杯摻著安眠藥的酒，希爾斯喝下不久後不由自主地睡著了。

在希爾斯不省人事的時候，丹墨肢解了他。丹墨似乎很喜歡希爾斯的腦袋，在他看來這是一件不錯的紀念品，他一直留在身邊。

這次作案後不久，丹墨又因猥褻男童被判刑，法庭判丹墨禁止和18歲以下的兒童接觸。在之後的一年內，丹墨的殺人欲望越來越強烈，他前後殺掉了大約12名男性。

科內拉克（Konerak Sinthasomphone）是其中的一名被害人，年僅14歲，是個寮國裔男孩。科內拉克被丹墨誘騙到住所後，就被丹墨用安眠藥迷暈了。看著昏迷的科內拉克，丹墨突然想喝酒慶祝一下，但發現家中沒啤酒了，就出去買酒。期間，科內拉克迷迷糊糊醒了過來，他意識到自己被下藥和強姦了，就盡力跑了出去。

當時科內拉克裸著身體，肛門處還流著血。由於安眠藥的藥效還沒完全消失，科內拉克的意識還不怎麼清醒，他跌跌撞撞地跑了出去。當科內拉克看到兩名女孩後，立刻向他們求救。兩名女孩看到科內拉克的情況後，立刻意識到科內拉克需要警察的幫助，於是就報警了。

　　警察和科內拉克來到了丹墨的住所。不過在警察看來，這只是一對同性情侶在鬧矛盾而已，並未引起重視，去丹墨家中只是象徵性地詢問了一些問題。丹墨十分配合警方的工作，他對警察說，科內拉克已經19歲了，他們之間是情侶關係。警察覺得丹墨說得沒錯，於是就離開了。其實當時警察也聞到了一股難聞的氣味，但並未懷疑。如果當時警察搜查了丹墨的住所，一定會發現被肢解的屍體，那麼科內拉克就會獲救。警察一離開，丹墨就肢解了昏迷的科內拉克，還將科內拉克的腦袋做成了紀念品。

　　幫助科內拉克報警的兩名女孩覺得事情不對勁，就回家將此事告訴了母親。母親就打電話向警察局詢問情況，結果警察說：「女士，那是個成年人，我們不能干涉對方的性取向。」後來，這兩名警察甚至還拿科內拉克肛門受傷和醉酒的樣子開玩笑。這兩名警察不僅是白種人，而且還是種族主義者。他們對丹墨這個白種人本就具有好感，對科內拉克這個寮國裔本來就存在偏見。正是這種偏見才導致了悲劇的發生。

無法控制的吃人衝動—傑佛瑞・丹墨

　　被丹墨殺死的被害人都是有色人種，以非裔黑人和拉丁美洲人居多。被害人都是男性，沒有婦女，也沒有兒童。這與丹墨是個種族主義者是分不開的。丹墨的家人雖然有種族主義傾向，但表現得並不強烈。不過丹墨卻是個激進的種族主義者，而且他還曾公開表示，總有一天要殺死世界上所有的黑人。

　　除了丹墨外，當時的許多人都存在歧視有色人種的傾向。在這種歧視有色人種的大環境影響下，丹墨襲擊有色人種通常不會引人注意。就像科內拉克一樣，如果那兩名警察能像羅爾夫和羅斯一樣負責，沒有種族偏見，那麼科內拉克就會成為倖存者。

　　當丹墨的殺人事件被曝光之後，一場抗議美國政府縱容種族主義的民眾暴動開始了。一時間，美國政府承受了巨大的輿論壓力。美國政府為了熄滅民眾的怒火，決定嚴懲丹墨。

　　警方在丹墨的帶領下找到了 16 名被害人的屍骨，這樣 16 起謀殺案坐實了。最終法庭認為丹墨需要為 16 起謀殺案負責，他被判處了終身監禁，他的餘生將要在監獄中度過了。丹墨被單獨關押起來，一般情況下，監獄方不會輕易讓丹墨和其他犯人接觸。就算如此，丹墨還是在監獄中被人殺害了。

1994年，丹墨在和一個黑人一起打掃房間的時候，兩個人起了衝突。激烈的爭吵過後，兩人開始互相毆打起來。丹墨顯然不是黑人的對手，他被黑人抓著腦袋用力向牆上撞去，結果丹墨被撞死了。在黑人看來，他殺死丹墨這個惡魔只是替天行道，上帝不會允許一個殺人狂魔繼續活在這個世上。

　　1960年，丹墨出生於威斯康辛州密爾瓦基一個普通家庭，在家中排行第二。小時候的丹墨是個漂亮的小男孩，深受父母喜愛。據調查，凡是相貌出眾的孩子都可以獲得父母的喜愛，與其他相貌平凡或是醜陋的兄弟姐妹相比，長得漂亮的孩子可以得到特別的優待，畢竟愛美之心人皆有之。

　　但在與同齡人相處的時候，漂亮的外貌不僅沒為丹墨帶來方便，反而招來了不小的麻煩。沒有男孩願意和一個像小女孩一樣漂亮的男孩玩，丹墨還總是受到周圍男孩的性騷擾。這段經歷對丹墨產生了十分深刻的影響，甚至影響了他的性取向，使他的性取向發生了錯亂。成年後，他無法與女性發生正常的性關係，只能與男子發生性關係。

　　8歲，丹墨一家離開了密爾瓦基，來到了俄亥俄州的巴斯鎮。此時的丹墨已經與普通孩子不同了，他從不會和其他孩子一起嬉戲玩耍，總是一個人在自家房屋後玩，每天沉浸在幻想之中。許多連環殺手和丹墨一樣，都有一個孤獨的童年。

無法控制的吃人衝動—傑佛瑞‧丹墨

不久之後，父母就發現了丹墨的奇怪愛好，丹墨會虐待一些小動物，例如狗、貓或小鳥等。雖然父母覺得很奇怪，並且難以理解丹墨的愛好，但並未重視這個問題，只覺得這是小孩子的把戲而已。

到了入學年齡，丹墨和許多孩子一樣進入學校接受教育。在學校裡，丹墨依舊是獨自一人，他沒有朋友。在同學們的眼中，丹墨是個古怪的異類，他們會不由自主地遠離異類。

孤獨的丹墨一直渴望能融入同齡人之中，很快他就發現了一種很好的融入方式，就是與他人一起喝酒。漸漸地，丹墨開始離不開酒，每天都會把自己灌醉。當丹墨成為一個連環殺手的時候，酒成了他引誘被害人的工具。

後來，丹墨發現怪異雖然會讓同齡人遠離他，卻也能使他輕易地吸引他人的注意力，於是丹墨就不再刻意隱藏自己的怪異行為。據丹墨的同學回憶，丹墨很喜歡用粉筆在教室的地板上畫出人體的形狀。起初同學們會感到非常詫異，時間長了也就習慣了。在同學眼裡，丹墨是個怪異的、腦子有病的人。雖然丹墨很怪異，但在學校的成績還算不錯，只是有些偏科。當時誰會想到這個怪人將來會成為連環殺手和食人魔呢？

■【殺戮是為了挽留】

在丹墨的罪行被發現之前，在周圍人看來，丹墨只是個性格孤僻怪異的人罷了，他從未與他人發生過衝突，儘管他曾因露陰和猥褻兒童等罪名被拘留過。許多認識丹墨的人都沒想到他居然是個殺人狂和食人魔。在丹墨這個連環殺手的身上，有一個十分顯著的特徵，即無法排解的孤獨，他從小就缺少夥伴的陪伴。

在研究一個人為什麼會成為連環殺手的時候，人們往往會首先考慮他來自一個什麼樣的家庭。通常情況下，連環殺手都成長於一個支離破碎的家庭，父母要麼未婚、要麼離異，或者有犯罪紀錄。但也有一些連環殺手成長於一個普通正常的家庭，例如丹墨。

丹墨的原生家庭很正常，他從小沒有遭受過父母的忽視或虐待，他的父母十分喜愛他。但丹墨在融入同齡人的時候卻出現了問題，他不會與同齡人交朋友，他的人生中沒有夥伴。

在一個人成長的過程中，父母扮演著重要的角色，同時夥伴也是必不可少的。隨著一個人年齡的增長，同齡人所扮

無法控制的吃人衝動—傑佛瑞・丹墨

演的角色越來越重要，父母的重要性會漸漸削弱，尤其是當一個人步入青春期後，夥伴就更加重要了。

丹墨還有戀屍癖的傾向。丹墨表示，他在 14 歲的時候就開始幻想著殺人，他喜歡內臟的顏色。對於丹墨來說，剛剛死亡的屍體所散發出來的熱氣能讓他產生性興奮，他會想要和屍體性交。

丹墨還很喜歡吃掉被害人的部分屍體，他認為這樣被害人就能在自己身上獲得重生。丹墨在吃人肉的時候，通常會選擇自己喜愛的部分，甚至為了讓人肉的口感更好，他會變換方法加工人肉。丹墨曾嘗試過喝人血，但口感並不怎麼樣，後來便放棄了。

之後，丹墨開始虐待、折磨被害人，並漸漸喜歡上了這種感覺。例如丹墨會在被害人的頭顱上敲開一個洞，然後灌入一些鹽酸，眼看著被害人被疼痛折磨而死。

丹墨相信魔鬼的存在，並認為魔鬼一直在控制著自己，所以他才會一直被殺人、吃人的衝動和幻想折磨著，根本無法控制。對於自己所犯下的罪行，丹墨也很痛苦，但還是無法停手。漸漸地，他殺人的衝動變得越來越強烈，他成了一個嗜血狂魔。

跨世紀的漫長審判
——馬克·杜特斯

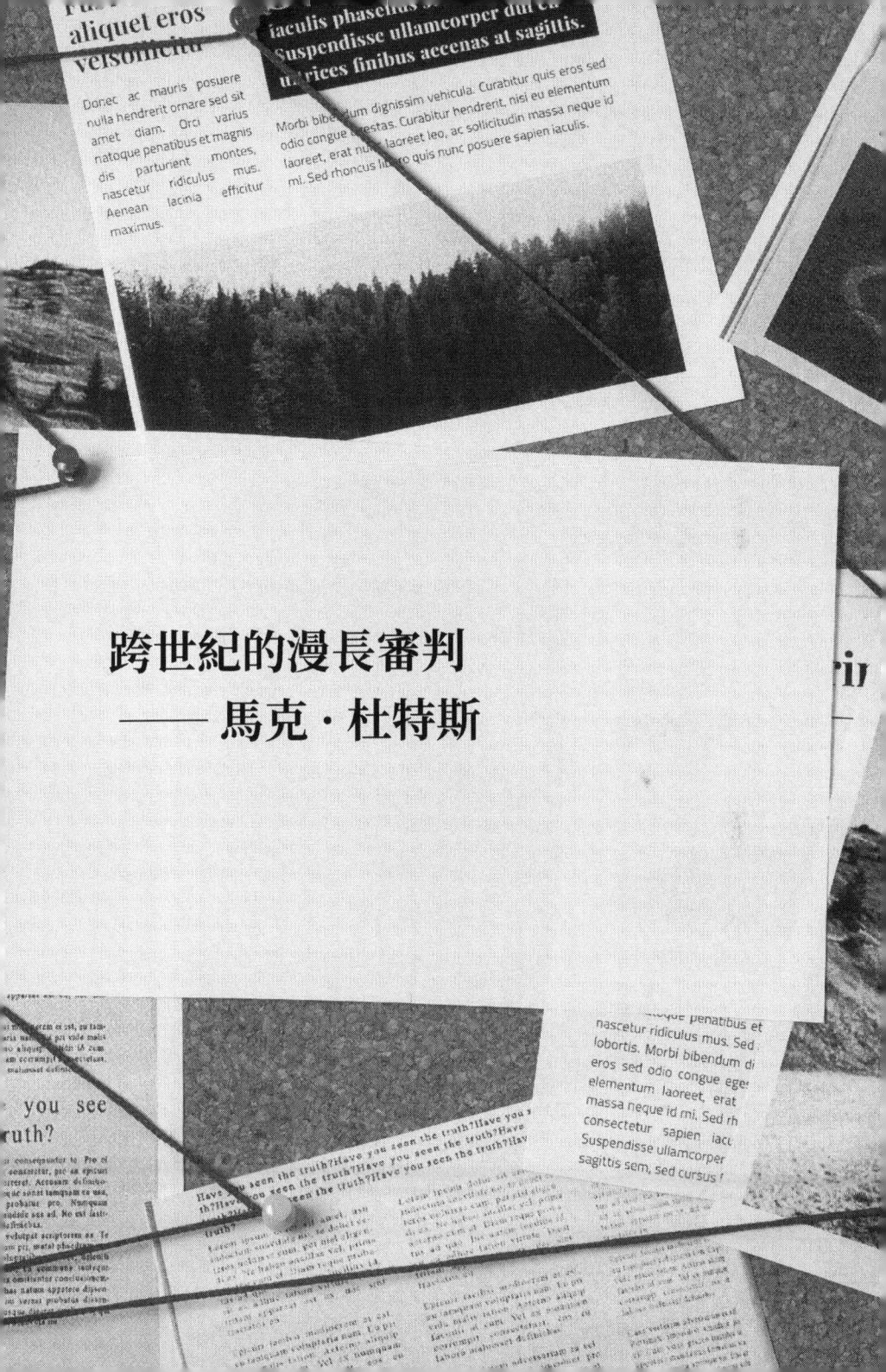

■ 跨世紀的漫長審判—馬克・杜特斯

　　1995年8月15日，比利時首都布魯塞爾市的警方在接到一個匿名報案電話後，迅速派人來到沙勒羅瓦市郊外的一棟住宅，據報案人稱，這棟住宅裡有人非法囚禁兒童。住宅裡有一個極其隱祕的地牢，裡面關著兩名少女，分別是14歲的莉蒂堤婭・德爾海茲（Laetitia Delhez）和12歲的莎賓・達丹妮（Sabine Dardenne）。她們赤裸著身體，已經被折磨得奄奄一息。

　　兩天後，警方在搜查住宅後院的地窖時發現了4名遇害少女的屍體。很快，被害人的身分被確認了，分別是1995年6月22日失蹤的17歲的安・馬卡爾（An Marchal）和19歲艾芙耶・蘭姆布雷克斯（Eefje Lambrecks）以及1995年6月24日失蹤的8歲的茱莉・勒瓊（Julie Lejeune）和梅莉莎・魯索（Mélissa Russo）。

　　隨即，警方就抓住了犯罪嫌疑人馬克・杜特斯（Marc Paul Alain Dutroux）。經調查，警方發現杜特斯雖然是個失業電工，卻生活得很富裕，他擁有7處私人住宅，每個月都有神祕的人為他匯入大筆款項。杜特斯的妻子蜜雪兒・馬丁（Michelle Martin）是他的幫凶，據杜特斯交代，那兩名8歲女孩的死亡完全是場意外，他當時因盜竊罪短暫被捕，曾囑咐妻子準備食物給兩名女孩，但是蜜雪兒沒有聽他的話，結果兩名女孩就餓死在了地牢裡。

雖然案件很快偵破，但杜特斯卻遲遲沒有被判刑，這起事實清楚、證據確鑿的案件經歷了跨世紀的漫長審判，足足耗費了比利時當局 8 年的時間和 470 多萬歐元，有關卷宗長達 50 萬頁。

1998 年，杜特斯在比利時再次掀起軒然大波，甚至還導致了比利時國家警察總長和司法部部長的辭職，因為他越獄了，不過他很快就被抓回來了。後來，杜特斯還差點被無罪釋放，因為他的辯護律師聲稱，杜特斯被司法部門關押了這麼多年都沒有提起任何控訴，這已經違反了歐洲人權法。

2004 年 3 月 1 日上午 7 點左右，比利時現代史上最昂貴的審判開始了，杜特斯與前妻蜜雪兒由一輛裝甲車押送到比利時南部小城阿爾隆市接受審判。法庭外面聚集了許多來自歐洲各國和加拿大的新聞媒體記者。

陪審團由 8 男 4 女組成，從審判開始就被隔離在一個軍事基地，期間有兩位陪審員由於明確表示對杜特斯極其厭惡而被候補陪審員替換。

在法庭上，杜特斯還像往常一樣滿不在乎。在法官與律師討論陪審團人選時，杜特斯先是一副無所謂的樣子，後來還打起了瞌睡。在回答法官問題的時候，杜特斯也心不在焉。

莎賓‧達丹妮作為倖存者之一，出現在法庭上指認杜特

跨世紀的漫長審判—馬克·杜特斯

斯。在面對杜特斯這個惡魔和媒體時，達丹妮表示：「這一刻我已經等了8年，我要盯著杜特斯對他說，不論他如何折磨我，我都沒有發瘋，也沒有忘記所經歷的一切，我要向他證明，我好好地活著。」

達丹妮還提供了一份證據，即一本祕密記載著一些「密碼」的課本。當達丹妮被關在地牢時，每當杜特斯出現在地牢裡，她就會悄悄在課本上畫一個「叉號」；如果杜特斯強姦她一次，她就會畫上一個「星號」。自始至終，杜特斯都沒有發現達丹妮的祕密。

2004年6月22日，法庭在耗時三個半月後終於宣判，杜特斯謀殺罪、姦淫幼女罪、綁架兒童罪、走私毒品罪和販賣人口罪罪名成立，判處終身監禁，蜜雪兒被判處30年監禁。

在比利時公眾看來，惡魔終於得到了應有的懲罰，大家都鬆了一口氣。就像受害人安的母親貝蒂·馬卡爾（Betty Marchal）在接受採訪時說的那樣：「我感到鬆了一口氣，很高興審判終於結束了，它耗費了我們太多的時間、精力，現在我們全家都能好好生活了。」

2013年2月4日，這是杜特斯入獄服刑的第17年，他提出了假釋請求。杜特斯的這個請求符合比利時法律規定。在比利時，凡是被判處終身監禁的罪犯，在服刑15年以上

後，均有權提出假釋請求。於是警方將杜特斯送到布魯塞爾市中心法院接受聆訊。

在2012年，杜特斯的幫凶、前妻蜜雪兒申請假釋並獲得了批准。這在當時引起了不小的轟動。當比利時公眾得知杜特斯也可能獲得假釋時，紛紛聚集在法庭外高聲抗議，希望處死比利時歷史上的頭號惡魔。2013年2月18日，杜特斯的假釋申請被法庭駁回。

杜特斯出生於1956年，從十幾歲時就開始無惡不作，因嫖妓、偷竊頻繁出入警察局。二十多歲時，杜特斯在和一名同夥潛入一名58歲的單身婦女家偷竊時，為了逼迫對方交出所有積蓄，不斷用刀刺向對方。

1985年，杜特斯首次犯下強姦罪，被害人是一名19歲少女。從那以後，杜特斯和同夥就幹起了綁架、強姦少女的勾當。1989年4月，杜特斯因盜竊汽車、強姦5名少女被判處13年6個月的監禁。在1992年4月，杜特斯假釋出獄，因為比利時當局頒發了一項對強姦犯的特赦令。出獄後，杜特斯依舊不思悔改，開始囚禁、強姦少女，甚至還鬧出了人命。

在比利時，杜特斯已經成為惡貫滿盈的代名詞，那麼他的犯罪動機和心理到底是怎樣的呢？他是否與許多連環殺手一樣，成長於一個糟糕的家庭呢？

■ 跨世紀的漫長審判—馬克·杜特斯

根據杜特斯的說法，自己會變成一個惡魔、犯下不可饒恕的罪行，原因完全歸結於父母，是父母不恰當的養育方式造就了他。在接受審判時，杜特斯不僅對父母出言不遜，而且提到了一樁舊事。在他小的時候，就被母親送到農業學校讀書，當時大多數孩子都進入普通中學讀書。杜特斯覺得父母對自己一點也不負責，只想著將他培養成一個馬夫。

杜特斯的母親珍妮·勞溫斯（Jeanine Lauwens）表示，杜特斯從小就表現出極強的玩弄和控制別人的傾向，難以管教。但是當勞溫斯得知兒子犯下的罪行時，她十分震驚，感覺自己好像被大水淹沒了一樣，她從未想過兒子會犯下如此重罪。對於兒子被判處終身監禁的下場，勞溫斯沒有一點同情，她已經沒有理由將杜特斯繼續看成自己的兒子。當勞溫斯得知杜特斯申請假釋的消息後表示，杜特斯不適合被假釋，因為他總是試圖將自己犯下的錯歸咎於他人。

杜特斯的父親維克托（Victor Dutroux）是個無政府主義者，曾經擔任過老師。在杜特斯14歲時，維克托就與妻子離婚了。在維克托看來，杜特斯就是個殺人不眨眼的變態色魔，根本不是自己的兒子。當被問到他是否是杜特斯的父親時，維克托回答說：「從法律的角度看，我是他的父親，因為我養育了他。杜特斯從小就很難管教，即使挨打也會從事犯罪的勾當。」

■【自稱受害者】

在杜特斯看來，自己是沒有問題的，所以他才在犯下嚴重罪行後表現得十分怠慢，絲毫沒有悔過之心。杜特斯將所有的責任都推到父母身上，認為是父母錯誤的教養方式才導致自己變成了一個惡魔。

勞溫斯提到，杜特斯從小就十分善於操縱別人。許多像杜特斯這樣的心理變態者特別擅長利用正常人的情感來操縱他人，例如自稱是受害者，將他人的言辭或行為說成是對自己的欺辱，從而博得人們的同情。也可以說，是利用他人的同情心來達到操縱的目的，從而推卸罪責。勞溫斯就說，杜特斯是個十分擅長將自身所犯下的錯誤歸咎於他人的傢伙。

維克托曾試圖管教、約束杜特斯，但絲毫沒有效果，於是他只能放棄。當父母意識到自己的孩子出現犯罪傾向的時候，通常都會十分緊張，會擔心孩子做出難以挽回的事情。為了避免悲劇的發生，父母會嘗試改變孩子的不良行為，例如嚴厲教訓孩子不能偷竊等。但對於像杜特斯這樣具有犯罪人格的人來說，父母越是管束，就越會遭到抵抗，他越是會給父母帶來麻煩，於是杜特斯的父母漸漸放棄了這個兒子。

■ 跨世紀的漫長審判─馬克‧杜特斯

　　精神科醫師華特‧丹尼斯在了解了杜特斯的案例後，認為杜特斯是個十足的心理變態者，根本不知情感為何物，也不會表露出任何情感，人們所擁有的責任心或罪惡感，他通通沒有。由於杜特斯的被害人年齡都很小，所以許多人都覺得杜特斯就是個戀童癖。丹尼斯並不認同這種廣泛流傳的說法，他覺得杜特斯的性取向不僅僅局限於兒童，他之所以找未成年人下手，是因為未成年人更容易被他操控，更容易上當受騙。

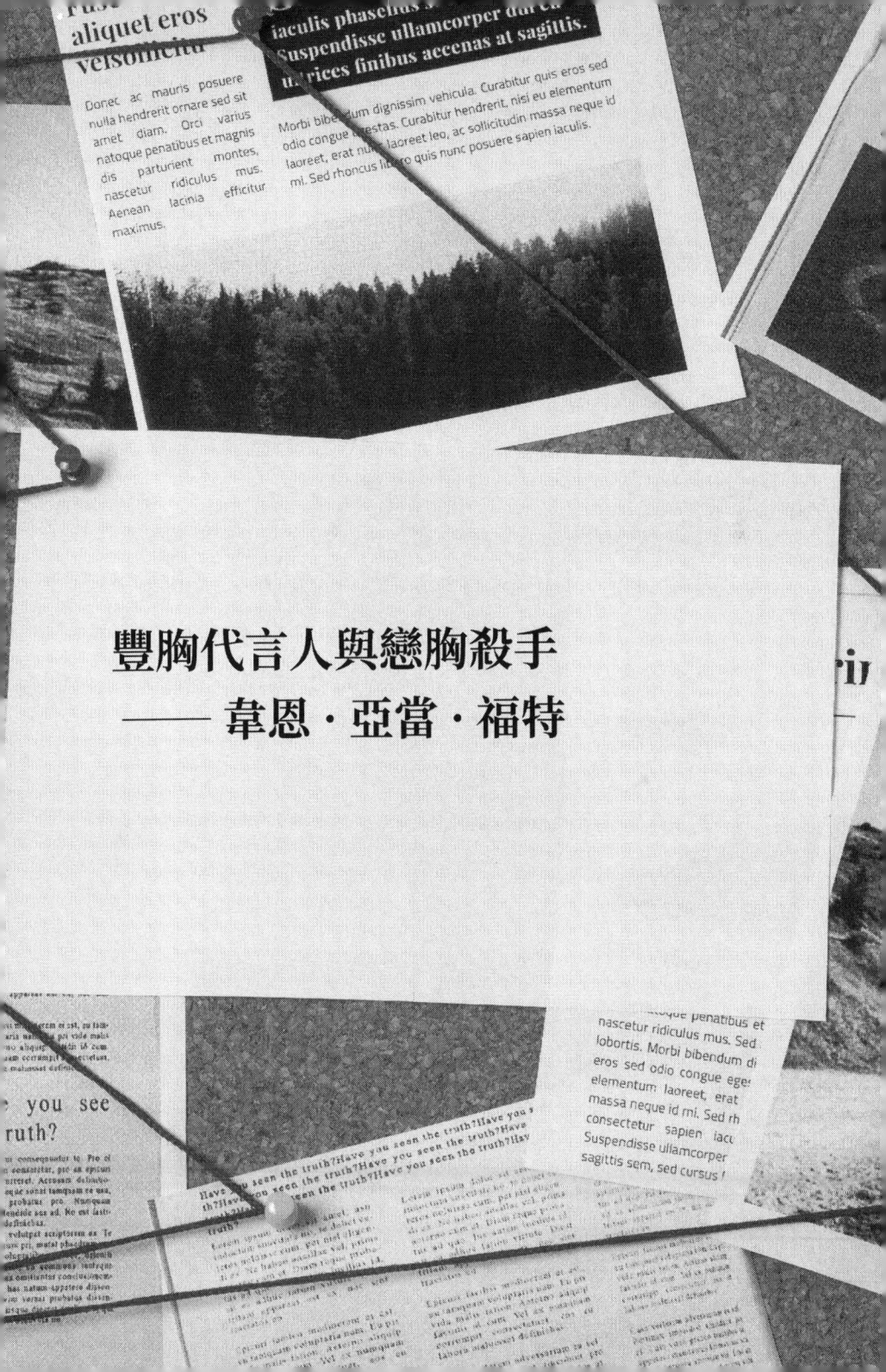

豐胸代言人與戀胸殺手
—— 韋恩・亞當・福特

■ 豐胸代言人與戀胸殺手——韋恩・亞當・福特

　　1997年10月26日，一名獵鴨人在尤里卡附近的一條小河裡泛舟時，遠遠地看見河岸上好像有一個物體。當他划近了一看，以為那是個服裝人體模型，當他漸漸靠近河岸後，才驚恐地發現那根本不是什麼人體模型，而是一具女屍，已經被割去了頭顱和四肢。獵鴨人立刻將此事報告給了洪堡縣警方。

　　警方趕到後，發現這具女屍被損毀得十分嚴重，整個腹腔幾乎被切開，內臟都裸露在外，乳房被割掉，不知所蹤。進一步的屍檢結果顯示，被害人身上大約有30處刀傷。由於被害人的頭顱、四肢被切掉了，警方無法從相貌、指紋、紋身等個體辨識特徵來判斷被害人的身分，只知道被害人的年齡在18～25歲，深色皮膚，死於三四天前。

　　3個月後，警方在海灘附近發現了疑似被害人的手臂和手掌殘肢，但由於腐爛嚴重，警方無法對其進行指紋分析，被害人的身分成了一個謎。

　　1998年6月，加利福尼亞州巴頓威洛鎮一條溝渠上漂浮著一具女屍。科恩縣的警方立刻將女屍帶回去進行屍檢。屍檢結果顯示，被害人生前遭到了強姦，然後被凶手勒死。被害人的身分也很快得到了確認，是華盛頓州的居民，26歲，名叫蒂娜・雷內・吉布斯（Tina Renee Gibbs），死前數月在拉斯維加斯做妓女。

3個月之後，也就是9月25日，加利福尼亞州5號州際公路附近的一條溝渠裡出現了一具全身赤裸著的女屍。警方在附近搜查的時候，發現了一些被害人的衣物、頭髮樣本，一塊帶血的油布，還有一個裝在白色塑膠袋裡的卡車停車場的標誌。警方認為，此地並非被害現場，死者是在被殺害後才被凶手開車拋屍在這裡的。

　　屍檢結果顯示，被害人死於窒息，應該是被凶手勒死的，她的一側乳房上有一處被刺傷的痕跡，死亡時間在好幾天之前。透過指紋對比，警方確認了被害人的身分，名叫蘭妮特·懷特（Lanette Deyon White），25歲。據蘭妮特的表妹反映，9月20日的時候，蘭妮特還曾與她見過面，當時蘭妮特正在一個小商店內為孩子購買牛奶，之後蘭妮特的家人就再也沒有見過她。

　　1998年10月23日晚上，加利福尼亞州聖貝納蒂諾縣的兩名水利巡邏員在一條溝渠裡發現了一具赤裸著的女屍，警方接到報案後立刻趕到現場打撈屍體。將屍體打撈上來後警察們驚奇地發現，女屍的一個乳房不見了，很顯然她是被人謀殺的。

　　屍檢結果顯示，被害人生前遭受了猛烈的毒打，她的頭部有鈍器擊打過的痕跡，她還遭受了性侵，與之前的被害人一樣，她也是被勒死的。凶手在勒死她之前還折斷了她的脊

豐胸代言人與戀胸殺手——韋恩·亞當·福特

椎、割掉了她的一個乳房。

警方確認了被害人的身分，她名叫派翠西亞·塔米茲（Patricia Anne Tamez），29歲，是個妓女。在成為妓女之前，派翠西亞是個青春活潑的大學生，自從染上毒品之後，她就墮落了，要麼在大街上遊蕩吸毒，要麼尋找嫖客，出賣自己的肉體以換取毒資，她人生的全部意義只剩下毒品了。在派翠西亞失蹤前，曾有目擊者看到她在高速公路上尋找嫖客，上了一輛長長的黑色卡車後就再也沒有出現過。

11月3日的晚上，聖貝納蒂諾的警察局來了兩名成年男子，其中一名成年男子名叫韋恩·亞當·福特（Wayne Adam Ford），36歲，是名長途卡車司機。他對警察說：「我是福特，一名連環殺手。」之後福特交代說，上述4起凶殺案全是他一人所為，接下來他開始向警方詳細描述自己是如何殺人和處理屍體的。

福特是一名長途卡車司機，在奧勒岡州、加利福尼亞州、內華達州和亞利桑那州之間運送木材，他就是在運輸木材的途中綁架並殺死了這4名女性。

第一名被害人，福特也不知道她叫什麼名字，只是在加利福尼亞州的尤里卡小鎮遇到了，她想搭個便車，福特就讓她上車了。福特被她碩大的乳房所吸引，於是就將她綁到了自己的汽車屋裡，強姦了她，最後將她勒死。接下來，福特將屍體拖到浴缸裡，用鋸子和刀子將屍體肢解。福特對警方說，肢解後的屍體更容易處理。福特將屍體的軀體部分扔在了梅德河的河岸上，將頭和手臂埋在了其他地方，剩下的部分則放在冰箱裡，後來被埋在了特立尼達島的露營地。後來警方在福特所交代的埋屍地點找到了這個無名被害人的其他六七個身體部分殘肢，但頭顱卻一直沒找到，這導致被害人的身分一直無法確定。

　　交代完一切後，福特從自己的夾克口袋裡拿出了一個塑膠包裹，然後將其開啟，裡面是一個乳房，是被害人派翠西亞的。

　　之後警方在搜查福特的拖車時，發現了大量的證據。廚房的咖啡罐裡裝著無名女屍的胸部，冰箱裡有一些被害人的屍體殘肢。此外警方還找到了一個裝在白色塑膠袋裡的卡車停車標誌，與被害人蘭妮特屍體發現地所找到的卡車停車標誌完全一樣。

　　陪同福特一起來警察局自首的那名男子是他的哥哥羅德尼（Rodney）。11月2日，福特喝了一天酒後，在加利福尼

豐胸代言人與戀胸殺手—韋恩・亞當・福特

亞州特立尼達島的海洋格羅夫小屋打了一通付費電話給羅德尼。福特用十分激動的語氣對羅德尼說，自己有重要的話想要告訴羅德尼，請羅德尼趕快來自己身邊。羅德尼放下電話後，立刻就開車來找福特。

11月3日的凌晨，開了很長時間車的羅德尼終於來到了福特所居住的旅館。儘管此時的羅德尼很疲憊，但還是耐心聽福特講話。福特似乎很激動，他一直和羅德尼說話，卻始終不說自己遭遇了什麼事情。在羅德尼的再三追問下，福特說自己做錯了一些事情，傷害到了一些人。但具體做錯了什麼事情，怎麼給他人帶來了傷害，不論羅德尼怎麼問他，福特都不肯說。羅德尼意識到福特可能犯下了十分嚴重的錯誤，於是就勸他去自首。最後福特同意了，他在羅德尼的陪同下來到了警察局。在這裡，羅德尼終於知道了他的弟弟犯下了怎樣殘忍的罪行。

福特的自首讓當地警方很意外，警方認為福特的自首和認罪是「連環殺手犯罪史上的一個意外」，畢竟連環殺手主動自首的情況非常少見。警方認為福特一定是為自己所犯的罪行感到羞恥，然後才來自首的，因此還送給他一個「有良心的連環殺手」的外號。

但隨著調查的深入，警察們很快發現福特根本毫無罪惡感，不然也不會用如此殘忍的手段將4名女性殺死，而且福

特根本不尊重他人的生命。幸好羅德尼說服了他，不然一定會有更多的女性慘遭毒手。

1998年11月6日，洪堡縣警方指控福特殺死了那位無名女性，他因一項一級謀殺罪接到了洪堡縣高等法院的傳訊。由於其他3起謀殺案是在其他地區發生的，洪堡縣高等法院又不具備審判其他轄區命案的權力，因此福特在洪堡縣接受審判後，還得到其他發現屍體的縣法院繼續接受審判。

在接受審判的過程中，福特向法官提出了申請辯護律師的要求。法官雖然同意了福特的這項申請，但根本沒有律師願意為福特進行辯護。於是法官只好任命一名律師給福特，就這樣凱文·羅賓遜成了福特的辯護律師。

凱文在了解了福特的案件後，決定以警方限制福特與律師聯絡為由為福特進行無罪辯護。凱文認為，如果他能夠證明福特在自首的時候，警方拒絕福特申請律師的要求，那麼福特所供述的一切證詞將是無效的。

兩個月後，一項新的法令通過了，這項法令似乎是專門針對這起連環命案的。凡是發生在不同地區的相關案件均可以一起審判，這意味著福特所犯下的4起謀殺案將被進行一次性審判。不過福特不會在洪堡縣法庭接受審判，他將被送到聖貝納蒂諾縣的法庭接受審判，因為他就是在這裡被警方逮捕的。

■ 豐胸代言人與戀胸殺手─韋恩・亞當・福特

　　2003 年 11 月，聖貝納蒂諾縣的高等法院舉行了一次聽證會，以決定福特自首後的供詞是否有效。辯護律師凱文認為福特的口供無效，因為在福特自首後，警方拒絕為其提供律師。但控方卻表示，在福特自首後要求過律師在場，不過後來他改變了主意，也就是說警方是在合法的情況下得到了福特的供詞，因此福特的供詞是有效的。

　　2004 年 1 月，高等法院法官麥可・史密斯做出了裁定，福特的大部分供詞是有效的，可以在庭審時使用。只是福特在被捕的 3 天後的供詞是無效的，因為警方沒有按照福特的要求提供法律援助。這就意味著，福特對謀殺蘭妮特的供述是無效的。但控方認為，即使沒有福特的供詞，也有許多證據可以證明就是福特殺死了蘭妮特。

　　就在審判快要開始的時候，又發生了一個意外。1 月中旬，負責該案的檢察官大衛・惠特尼離職了。想要審判順利進行，就必須得找一個檢察官來頂替大衛的工作，於是戴夫接手了大衛的工作。

　　2006 年 2 月 1 日，針對福特這個連環殺手的審判終於開始了。作為福特唯一粉絲的維多利亞・瑞德斯德（Victoria Redstall）也出現在法庭上，她還向法官提出了為福特拍照的要求。但讓法官跌破眼鏡的是，這個女人居然一直不停地按著快門為福特拍照，甚至還用福特的照片來做自己手機的螢

幕保護。最後法官不得不公開禁止維多利亞和其他人拍照，但維多利亞根本不聽，她繼續在法庭上頻繁為福特拍照。維多利亞此舉惹惱了法官和檢察官，包括福特的辯護律師，對她的行為也很不滿，於是法官禁止維多利亞接觸福特。

　　福特所犯下的罪行足以讓所有的女人聞風喪膽，但維多利亞顯然是個意外，她十分仰慕福特。維多利亞出生於英國，是個著名的影星，曾出演過電影《絕地任務》和《王牌任務》，還是某豐胸產品的代言人，她曾公開表示自己一直很關注連環殺手，因此在得知福特所犯下的罪行後，對福特痴迷不已。

　　2006年4月，福特正在監獄裡等待最終的審判結果，這時維多利亞以製作一部紀錄片的名義來到了監獄中與福特見面。從那以後，維多利亞就開始頻繁地來監獄探望福特，後來她甚至將自己的每個晚上和週末的休閒時間都用在了與福

■ 豐胸代言人與戀胸殺手—韋恩‧亞當‧福特

特的見面上。他們雖然無話不談，也非常默契，但他們的關係卻頗具諷刺意味，維多利亞是個豐胸藥的代言人，而福特卻是一個崇拜乳房的殺手。

維多利亞與福特之間的非同尋常的關係在聖貝納蒂諾的警察局引起了不小的轟動，福特的辯護律師也很抓狂，因為維多利亞的行為帶來了許多麻煩，在辯護律師看來，維多利亞不是一個誠實的人，不會跟法庭好好合作。於是辯護律師要求法官麥可禁止維多利亞出現在法庭上。麥可還專程召開了一個聽證會，他表示維多利亞想要繼續出現在法庭上，就必須出示為某公司拍攝紀錄片的正式資料，以證明她與福特接觸是為了紀錄片的拍攝。後來麥可又向福特的辯護律師表示，如果維多利亞出示了資料後出現在法庭上，那麼他就很難禁止維多利亞的拍照行為了。

維多利亞在法庭上的表現引起了爭議，為此洛杉磯總警署介入了此事，還特地展開了「罪犯福特探視人員調查」的行動。在維多利亞看來，這項調查就是專門針對她的，因為監獄已經向獄警們釋出了貼著維多利亞照片的通知，要求所有人不得讓維多利亞進入監獄。

在之前的探監中，有時候，維多利亞會和福特一起談論各自的童年時光，她在接受採訪時表示，福特在她看來是個很親切、有良知的人，他們之間非常有默契，根本不需

要說話也能溝通。有時候，維多利亞會唱歌給福特聽。後來福特作為回應也為維多利亞唱了一首杜威·約肯（Dwight Yoakam）的歌，但他走音嚴重，讓維多利亞聽得起了一身雞皮疙瘩。維多利亞注意到福特有好多歌詞都不記得了，於是在下次探監的時候將完整的歌詞帶給了福特。

對於維多利亞來說，與福特的特殊關係固然讓她得到了許多人的關注，這卻是一椿醜聞，她也因此失去了許多朋友，她的朋友們都不喜歡維多利亞和一個連環殺手走這麼近，這太危險了。但維多利亞卻認為，她很了解福特，她認為每個人的內心深處都有陰暗的一面，福特只不過是將他自己的陰暗面放大到了殺人的層面。在維多利亞看來，福特已經對自己過去所犯的罪行感到後悔和難過，她應該更看重現在的福特，而不是過去殘忍殺死 4 名女子的福特。

最終，12 人陪審團經過商議後，一致裁定福特的 4 項謀殺罪名成立，他被判處死刑。維多利亞在得知庭審快要結束的時候，開著自己的紅色敞篷車來到法院門口等待福特出來。福特被警察押送著上了一輛大巴，這輛大巴將開往聖昆汀監獄。維多利亞開著車一路跟著這輛大巴來到了聖昆汀監獄，並目送著福特被送進監獄。維多利亞在接受採訪的時候表示，她之所以會這麼做，是想讓福特看到自己的金髮在風中飄舞，自己的珠寶在陽光下閃耀。

■ 豐胸代言人與戀胸殺手──韋恩・亞當・福特

之後，維多利亞一直在努力拉贊助，想要將福特的故事搬上銀幕。她表示，只要將福特的故事搬上銀幕，她就有機會去監獄看望福特，她認為自己去探監能帶給福特快樂。不過福特既沒有等來維多利亞的探監，也沒等來死刑。福特在被捕時曾對家人說，他渴望被判處死刑，但聖昆汀監獄裡有大把人在排隊等待死刑。

在聖昆汀監獄裡，福特很少走出牢房，也不會去洗澡和運動，他總是光著身子坐在牢房的床上，膝蓋上只搭著一條髒兮兮的被單，他偶爾想清洗一下自己時，就會用馬桶旁的一個小水槽。

對於福特來說，在聖昆汀監獄裡待著還不如被處死，他表示：「五年前我就瘋了，我失去了與人交流的能力，我再也沒辦法與別人交流了。」後來聖昆汀監獄的心理健康服務中心為福特提供了幫助，工作人員送給了福特一小罐紙折的玫瑰，福特很珍惜這些紙玫瑰，他將它們放在牆壁裸露出來的鋼筋上，並將它們稱為「小希望」。

1961年12月3日，福特出生於加利福尼亞州的柏城，他的父親是美國人，母親是德國人，哥哥羅德尼比他大兩歲。一般情況下，家裡的小兒子與父母之間的關係往往比較親密，但福特卻與父母的關係很糟糕，他是個難以管教的孩子。

10歲時，福特的父母離婚了，從那以後他就與哥哥跟著

父親生活了6年。

據福特的母親反映，這6年的生活對福特來說很痛苦，因為他與父親相處得並不好。

高中沒畢業，福特就退學了，他報名參軍，被安排到海軍陸戰隊服役。在服役期間，福特很努力，他想要盡快升遷。

後來福特認識了一個女孩，最終兩人結了婚。婚後的生活並不幸福，女孩發現福特是個非常苛刻、霸道和暴力的男人，她在與福特生活了一段時間後，實在難以忍受下去，於是就與福特離了婚。

離婚後不久，福特就跟隨部隊來到日本沖繩服役。1985年，福特只在日本待了一段時間就退伍了，因為他的精神狀況已經不適合繼續留在部隊。

退役一年後，福特就因毆打、強姦和搶劫一名妓女而被起訴。後來因為證據不足，福特並未被送進監獄。

1986年1月，福特與一名年輕的女子相戀了。這段感情與之前的那段婚姻一樣，以失敗而告終，因為兩人總是發生爭吵。女子實在忍受不了福特的喜怒無常，於是就離開了他。

不久之後，福特因在自家後院射殺一條狗，被警方以虐待動物罪逮捕。福特並未狡辯，爽快地認罪了，他也因此被

■ 豐胸代言人與戀胸殺手——韋恩‧亞當‧福特

短暫監禁。這次的入獄並未讓福特的行為有所收斂，相反他變得越來越冷漠。

1994年，福特在一家酒吧裡認識了一名19歲的駐唱女歌手，他們在短暫的戀愛後結婚了。婚後不久，妻子就發現福特是個有著極端控制欲和攻擊性的男人，福特好像患上了嚴重的憂鬱症。起初，妻子一直在努力修復與福特之間的關係，但妻子的努力毫無作用。

1995年，妻子為福特生下了一個男孩。孩子的降臨並未挽救兩人的婚姻，福特與妻子最終還是離婚了。離婚時，妻子得到了孩子的撫養權，她帶著兒子搬到拉斯維加斯與自己的祖母生活在一起。而福特則繼續待在阿卡塔鎮，在自己的汽車屋裡生活。

福特一直想去看望自己的兒子，但法院卻剝奪了福特的探視權，這讓福特覺得既憤怒又沮喪，於是他開始買醉，並染上了酗酒的毛病。在酒精的作用下，他內心深處壓抑已久的暴力和嗜殺欲望被喚醒，漸漸走上了連環殺手的極端道路。有人認為福特之所以會主動自首，是因為擔心自己在瘋狂狀態下殺死前妻，這樣他的兒子就成了孤兒。

■【酒精與暴力傾向】

　　許多犯罪行為都是在酒精、藥物、毒品等精神類物質的作用下而發生的。例如有的罪犯會不止一次地表示，自己自從染上了酒精或毒品後，就像變了一個人一樣，他們信誓旦旦地表示，如果沒有酒精和毒品的影響，自己一定不會犯罪和殺人。這是否意味著藥物濫用與犯罪行為之間存在著必然關聯呢？

　　對於有些罪犯來說，藥物濫用只是他們的藉口而已。也就是說，藥物濫用並不會改變一個人的本質，除非他的本質就是如此，只是在藥物的作用下更加明顯而已。例如福特就是一個暴力且控制欲極強的人，他在酗酒之前，就有過許多常人不能理解的言行，這導致他的妻子和女友無法接受與他一起生活。

　　那麼，為什麼有些人會染上酗酒的毛病或者被毒品所控制，有些人卻不會呢？對於酗酒或吸毒的人來說，他有大把的理由為自己酗酒或吸毒的行為辯解，大多是說因為現實生活不順，於是藉助酒精、毒品等精神類物質讓自己的焦慮和壓力得以緩解。但事實上這只是藉口而已。例如福特，他本該像許多普通人一樣，有一個幸福的家庭，但他卻沒有好好珍惜，於是他的妻子帶著兒子離開了。福特還抱怨法院剝奪了他探視兒子的權利，實際上是他沒有好好珍惜自己本應

豐胸代言人與戀胸殺手—韋恩・亞當・福特

該擁有的權利，於是法院為了孩子的健康成長只能禁止福特去探視兒子。這就好像一個人犯罪了，法院會剝奪他的自由權，將他關進監獄一樣。

根據福特的三段感情生活可以得知，福特在酗酒之前就是一個有著極度控制欲和暴力傾向的男人，他試圖控制一切人與事，但沒有人願意被其他人完全控制，事態的發展也不會一直在他的掌控之中。每當福特覺得周遭的人或事脫離了自己的控制時，他就會變得暴躁起來，這讓他的妻子或女友難以忍受。在與妻子離婚後，福特不僅被剝奪了孩子的撫養權，還被剝奪了探視權。這一系列的脫離他控制的事件讓福特覺得憤怒和痛苦，於是他開始酗酒，他十分享受醉酒帶給自己的愉悅感。後來福特從強姦和殺人中體會到了全權掌控的感覺，這讓他興奮不已，於是他接連殺死了4個女人。

在許多可濫用的物質中，酒精是被濫用得最嚴重的一種物質，因為與毒品不同，酒在我們的社會中是合法的，只要有錢就可以購買。

總之，酒精與暴力行為之間並不存在必然關聯。但不可否認的是，如果一個人本身就具有暴力、攻擊和反社會傾向，那麼在酒精的作用下，他的暴力傾向會更容易表現出來。例如酗酒的人有許多，但像福特這樣成為連環殺手的卻很少，福特本身就具有暴力傾向。

用嗎啡殺人的醫生
——哈羅德·希普曼

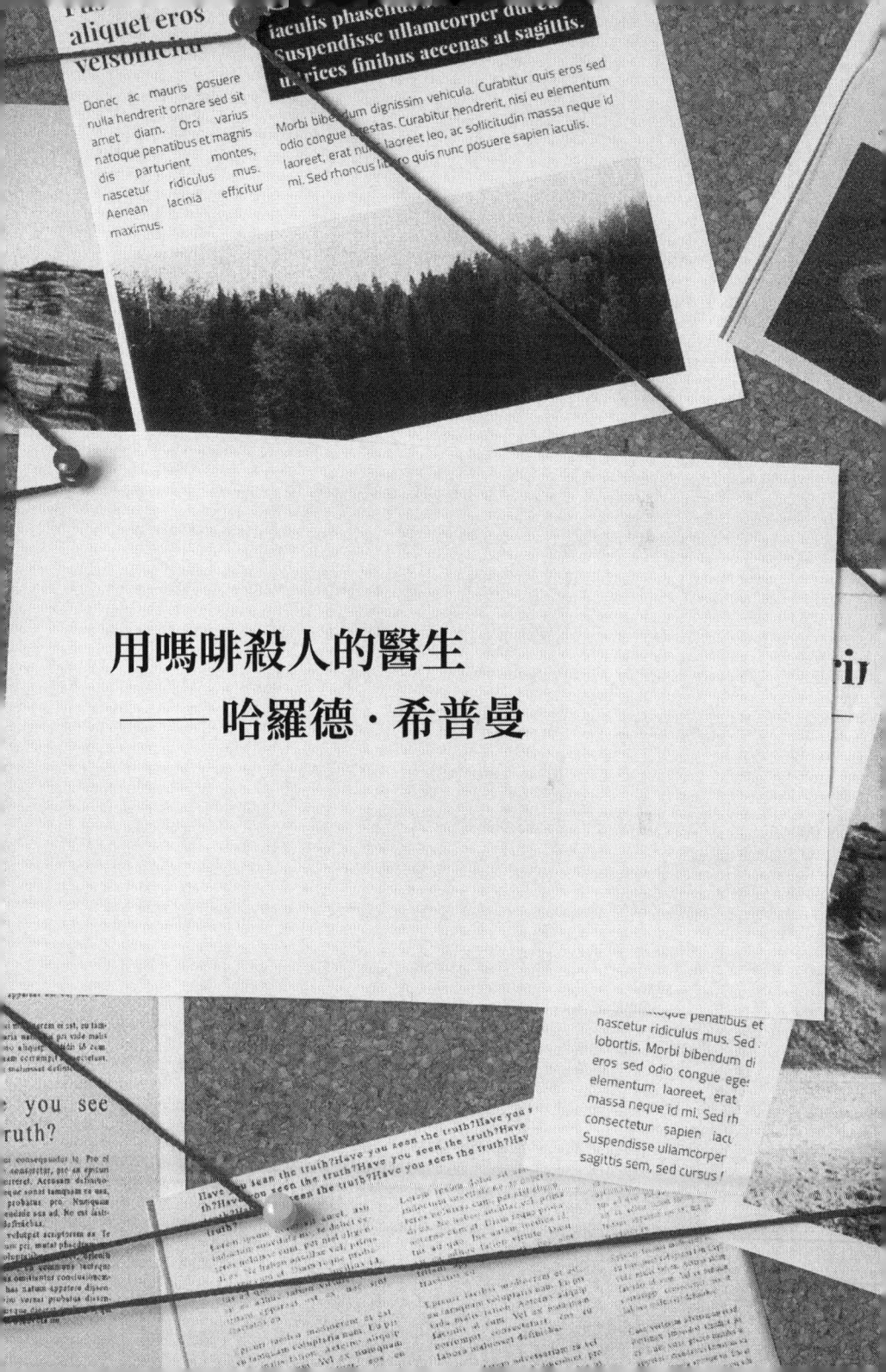

用嗎啡殺人的醫生—哈羅德・希普曼

1998年6月24日上午,英格蘭曼徹斯特海德小鎮的警方接到報案,81歲的凱薩琳・格倫迪(Kathleen Grundy)被朋友發現死在家中。之前,凱薩琳和兩個朋友約好在6月24日這天去老年康復俱樂部進行義務勞動,為行動不便的老人做飯。當兩個朋友來凱薩琳家中找她時,卻發現凱薩琳蜷縮在沙發上一動不動,她們以為凱薩琳在睡午覺,於是走進去準備叫醒她,後來她們發現凱薩琳的臉色很蒼白,她的身體也冰冷,兩人才意識到凱薩琳可能死了,於是立刻報了警。

不久,警方就接到了凱薩琳家庭醫生所開出的死亡證明,上面寫著死於高齡,警方並未懷疑,畢竟凱薩琳已經81歲了。隨後,警方就將凱薩琳死亡的消息告訴了她的女兒安潔拉・伍德芙(Angela Woodruff),一名職業律師。

當安潔拉得知母親去世的消息後,第一反應不是悲傷,而是吃驚。凱薩琳是個身體很硬朗的老太太,幾乎從來不生病,是社區的積極分子,經常踴躍參加社區舉辦的活動。就在去世的兩週前,凱薩琳還參加了一趟旅行,她還是這次旅行活動的駕駛員。

不久之後,安潔拉收到了當地一家小律師事務所的一封來信,裡面是凱薩琳立下的新的遺囑宣告。凱薩琳是個寡婦,還很富有,在遺囑中她將大部分遺產都留給了她的家庭醫生,也就是52歲的哈羅德・希普曼(Harold Shipman),那

是一筆價值整整 80 萬英鎊的遺產。

　　安潔拉了解到希普曼在曼徹斯特海德小鎮開了一家私人診所，診所的名字叫「手術」，在當地頗有名氣，很受患者們歡迎，是個十分專業的醫生。安潔拉立刻打了一通電話給希普曼。

　　接電話的人是希普曼的妻子，她說希普曼正在做手術，沒有時間接電話。後來，安潔拉接到了希普曼打來的電話，他說自己剛做完手術，還對安潔拉表示了哀悼，他對安潔拉說，在凱薩琳去世前不久他還去看過她，當時並未發現異常，所以沒有必要對凱薩琳進行解剖檢查，最後他還建議安潔拉盡快將凱薩琳火化，而不是更常見的土葬。當時安潔拉並未多想，就結束通話了電話。

　　幾天後，安潔拉開始覺得不對勁，她覺得母親沒有必要在不通知自己的情況下另立一份遺囑，而且凱薩琳原來的遺囑正鎖在安潔拉的保險櫃中。安潔拉把新遺囑重新看了一遍後，發現了許多漏洞。

　　第一個漏洞：凱薩琳生前曾當過多年的祕書，十分講究行文格式和文法，但這份新遺囑不僅排版很糟糕，文法也很差。第二個漏洞：凱薩琳一直喜歡手寫，而非用打字機列印，這份新遺囑就是用打字機完成的。第三個漏洞：凱薩琳的名下還有一處房產，這份新遺囑中完全沒有交代。第四個漏洞：

用嗎啡殺人的醫生──哈羅德・希普曼

新遺囑中凱薩琳的簽名字體非常大,據安潔拉對母親的了解,她從不會使用這麼大的字體。

安潔拉根據遺囑上見證人的簽名找到了他們,他們兩人互不認識,而且都是在毫不知情下簽了名,他們都是希普曼醫生的病人,被希普曼要求簽署一份不明文件。這使得安潔拉更加懷疑希普曼,於是立刻報了警。

警方在立案進行調查時發現,除了這份可疑的遺囑外,一點證據也沒有,希普曼自然不會承認自己殺死了凱薩琳。於是安潔拉做出了一個艱難的決定,同意開棺驗屍,從母親的遺體上取證。

1998年8月1日凌晨3點,海德公墓裡來了許多人,有小鎮上的居民,還有警察,他們和驗屍官一起挖掘凱薩琳的墳墓。凌晨4點左右,凱薩琳的棺木被開啟了,她的屍體被抬了出來,隨後驗屍官從她的遺體上取走了一些組織並進行化驗。

在等待化驗結果時,警方的負責人伯納德・博斯勒帶著一些人對希普曼的診所進行了搜查,在那裡找到了一個可疑的打字機,希普曼正是用這臺打字機偽造了凱薩琳的遺囑。而在那份偽造的遺囑上,警方還找到了希普曼的指紋。

化驗結果顯示,凱薩琳的各項器官都很正常,也就是說她的身體很健康,並非像希普曼所開出的死亡證明中寫的「死於高齡」。不過這份化驗報告也並不能證明希普曼害死了凱薩

琳，伯納德只能去找毒藥專家對凱薩琳的遺體進行檢查。

茱莉和史蒂夫是當地有名的毒藥專家，有長達 50 年的辦案經驗，他們在接到伯納德的邀請後立刻來到了警察局。在從伯納德處了解了基本案情後，他們表示基本不可能從凱薩琳的體內找到可疑物質，因為希普曼是個醫生，不會留下蛛絲馬跡。不過茱莉表示，如果他們運氣好的話，或許能從凱薩琳的體內發現嗎啡，嗎啡在被注射後不會立刻消失。如茱莉所言，他們在凱薩琳的組織中發現了大量嗎啡，凱薩琳是被注射過量嗎啡而死。這下，希普曼就成了重大嫌疑人。

1998 年 9 月 7 日，警方正式逮捕希普曼，這在曼徹斯特海德小鎮引起了巨大的轟動，人們根本不敢相信希普曼會殺人，因為希普曼深受當地人的敬重，他不僅醫術高明，還和藹可親，一臉白色的落腮鬍子，總是戴著一副眼鏡，他還是許多人的家庭醫生，深受患者信任。但凱薩琳的死只是希普曼犯下罪行的冰山一角，他是個連環殺手，利用醫術來殺人，至少有 15 名老人被他殺害。

在因謀殺凱薩琳接受審判時，希普曼表現得十分傲慢、冷靜，他說自己是個無辜者，至於凱薩琳體

■ 用嗎啡殺人的醫生─哈羅德・希普曼

內為什麼會出現過量嗎啡，只有一個解釋：凱薩琳是個吸毒者，他早就懷疑凱薩琳在濫用藥物。

公訴方為了推翻希普曼的這種說法，特地請法醫對凱薩琳的頭髮進行化驗，以驗證凱薩琳是否曾濫用藥物，化驗結果顯示凱薩琳平日裡並無吸毒的習慣。

希普曼的案件引起了一名記者的注意，這名記者在小鎮進行了一番調查後就寫了一份報導。這份報導在小鎮住戶之間廣為傳閱，許多住戶開始對號入座，要麼撥打報警電話，要麼到警察局報案，他們懷疑自己的親人也被希普曼害死了，紛紛要求開棺驗屍。

這下驗屍官開始忙得團團轉，一年內就挖了12具過世死者的屍體，並在屍檢中發現了嗎啡。在接受採訪時，驗屍官向記者抱怨說：「我的許多同行，可能工作一輩子也遇不到開棺驗屍，但在這一年內，我就挖了12次。」

希普曼的殺人方式十分簡單，只會找自己的患者下手，而且都是獨居老人，他會往被害老人的靜脈中注射過量藥物，等被害人死後，希普曼就會通知家屬，甚至以家庭醫生的身分開出死亡證明，為了銷毀證據，他還會勸家屬將被害人的遺體火化。有時，希普曼還會修改被害人的病歷，使被害人的死因看起來更合理。警方在希普曼的電腦中發現，希普曼平時有輸入行醫紀錄的習慣，而這些行醫紀錄並不屬

實，有竄改過的跡象。

　　警方透過一系列的調查發現，希普曼至少殺死了 15 名老人，最終經過英格蘭法院的判決，希普曼被判處 15 個終身監禁。對於這項判決，許多被害人家屬紛紛表示抗議，他們懷疑希普曼殺死的人遠遠不止這 15 個。英國高等法院的法官在對此案進行了徹查後，發現死在希普曼手上的人多達 215 個。

　　在法蘭克監獄裡服刑初期，希普曼經常被提審，警方一直希望希普曼能主動交代犯罪過程，但希普曼卻表現得很堅決，不肯透露絲毫案情。犯罪心理學家建議警察放棄對希普曼的提審，他認為希普曼不會主動告訴警方案情，但他周圍的人卻有機會從希普曼口中得到這些，例如獄警或監獄裡的醫生。

　　希普曼在監獄裡表現得非常好，是模範犯人，他會認真完成獄警所安排的工作，還會利用業餘時間將《哈利波特》翻譯成點字。希普曼每天都會閱讀《衛報》，還會看電視新聞，看到新聞中播報自己的案件時會特別高興，並露出得意的表情。

　　有著「死亡醫生」之稱的希普曼在監獄裡繼續行醫，有病的犯人會主動找希普曼看病，希普曼非常樂意為犯人們看病，會根據患者所描述的症狀給出一些建議。

　　在希普曼漸漸適應了法蘭克監獄的生活後，就被轉移到

用嗎啡殺人的醫生—哈羅德・希普曼

了另一所監獄中。這所監獄的條件很差，關押著一些強姦犯和殺人犯，對於希普曼來說在這裡生活簡直就是一種折磨，他的精神也因此受到了很大的打擊。這其實是警察故意使用的逼供手段，警察有時為了讓犯人主動交代罪行，會將他關在一些條件惡劣的監獄中，有不少犯人都因無法忍受惡劣的條件而主動交代罪行，以獲得到條件好的監獄裡服刑的機會。希普曼沒有選擇認罪，而是選擇自殺。至死，希普曼都沒有交代任何罪行，每當有人提及他的罪行時，他都會把頭轉過去，對著牆一言不發。

2004年1月13日，獄警發現希普曼吊死在了自己的囚室裡。希普曼的自殺讓獄警覺得很意外，因為他在自殺前並未表現出任何異常，自殺的前一天還保持著讀書的習慣，由於希普曼表現得太過正常，獄警根本沒有將他列入防止自殺的犯人名單中，沒有對其嚴加看管。

對於希普曼的自殺動機主要有兩種說法：第一種說法是希普曼利用自殺來與警察對抗，以表示他可以決定自己的生死；第二種說法是希普曼為了留給妻子一筆豐厚的養老金，他生前購買了一筆大額壽險，受益人是他的妻子，不過前提是他得在60歲前死去，他的妻子才能得到10萬英鎊的賠償。

在希普曼死後，他遺體的下落成了一個謎。直到3個月後，英國媒體才揭露希普曼的遺體被送去進行研究，英國科

學家希望透過研究希普曼的大腦，從而找出犯罪行為與人體生理結構之間的關聯，進行犯罪預防。

1946年1月14日，希普曼出生於英格蘭諾丁山一個普通的工人家庭，是家裡的第二個孩子，父親是個卡車司機，母親是個家庭主婦。母親十分重視對孩子的教育，希望孩子們能透過讀書出人頭地，對家中孩子管教得很嚴格。

希普曼從小就比其他孩子聰明，成績也很優異，因此希普曼成了母親最喜愛的孩子，與母親之間的關係十分親密，每天母親都會開車送希普曼上學，禁止希普曼與周圍的人交往，以免影響學習。

母親還總向希普曼灌輸一種優越的心理情結，讓希普曼相信他比周圍的人都強，將來一定會成為社會菁英，會在醫學或法律方面有所建樹。

希普曼17歲時，他年僅43歲的母親患上了癌症，為了治病花了許多錢，為此父親和姐姐不得不努力賺錢，希普曼則承擔起了照顧母親的責任，每天都眼睜睜地看著母親被病痛所折磨。希普曼的成績開始受到影響，出現了下滑。

隨著病情的惡化，希普曼的母親開始被病痛折磨得痛不欲生，甚至都無法睡覺，後來醫生或護士開始替她注射嗎啡或海洛因以減輕她的病痛，而這一切都被希普曼看在眼裡。

希普曼並未將母親患癌的事情告訴學校裡的任何人，同

■ 用嗎啡殺人的醫生—哈羅德・希普曼

學們根本不知道他家裡出了這麼大的事。平日裡，希普曼幾乎不和同學說話，同學們都將他看成一個冷漠的異類，不過希普曼並未惹得同學們討厭，在同學們眼中他只是一個學習成績很好卻很高傲的人。希普曼業餘時間總會去玩橄欖球，在打球時希普曼就好像變了一個人似的，既好鬥又凶狠。

1963 年 6 月 21 日，希普曼的母親在飽受病痛的折磨後去世了，在母親斷氣時希普曼就守在旁邊。母親的去世對希普曼造成了嚴重的心理打擊，在當天晚上希普曼冒著大雨一口氣跑了 19 公里。第二天，希普曼正常到學校上課，並用十分冷靜的態度對同學們說，他的母親在昨晚因病去世了。

第二年，希普曼在高中畢業考試中取得了優異的成績，順利進入里茲大學醫學院學醫，還獲得了國家獎學金的資助。希普曼考上醫學院在所有人的意料之中，因為他在讀書時十分投入，甚至達到了狂熱的地步。或許，希普曼這麼做是為了完成母親的心願，母親一直希望他能成為醫學菁英。

進入醫學院不久，希普曼就和一名 17 歲的女孩普琳蘿絲（Primrose）談起了戀愛。兩人是在公車上邂逅並認識的，兩人的感情發展得十分迅速，很快普琳蘿絲就懷孕了，希普曼立刻與普琳蘿絲登記結婚，一邊上學一邊照顧妻子孩子。

1970 年，希普曼以優異的成績從醫學院畢業，開始到西約克郡托德摩登鎮奧默羅德診所實習。實習結束後，他成

了該診所的醫生。漸漸地，越來越多的患者知道了希普曼這個醫生，覺得他是個熱心腸的醫生，經常上門為患者看病。但在同事們那裡，希普曼卻表現得十分強硬，凡事都自己動手。後來，同事們發現希普曼經常會無故暈倒，好像癲癇發作一般。

其實希普曼的健康一點問題也沒有，也沒有癲癇，他只是藥物成癮。在正式成為醫生後不久，希普曼就開始利用職務之便偷偷服用一種與嗎啡有著同樣作用的止痛藥，並漸漸成癮，為了滿足自己的毒癮，希普曼經常偽造藥方，去藥房裡拿一些麻醉劑或鎮痛藥。

有一次，一位同事發現了希普曼的詭計，在同事的逼問下，希普曼只好承認自己染上了毒癮，希望同事給他一次改過自新的機會，不要告發他。同事沒有同意，立刻向醫院報告了此事。

1975 年，希普曼不僅被取消行醫資格，還被醫院以私開藥品和使用毒品的罪名送上法庭。隨後，希普曼被送到一家專門為醫生創辦的戒毒所接受戒斷治療。據說當希普曼得知自己將要被送到戒毒所時表現得十分冷靜，他表示自己會去接受治療，然後就離開了。一會兒，希普曼又回來了，他激動地將手裡的包扔到地上，任性地不去戒毒所。

3 個月後，希普曼在戒毒所的治療結束了。由於希普曼

用嗎啡殺人的醫生─哈羅德・希普曼

是初次犯罪,警方免去了他的牢獄之災,只對他罰款了事。後來,希普曼以自己真誠的道歉贏得了英格蘭醫療理事會和內政部官員的信任,恢復了行醫資格。

之後希普曼來到了曼徹斯特海德小鎮,在一家醫院裡繼續行醫。很快,希普曼就成了醫院裡最受歡迎的醫生,在患者們的眼中,他不僅醫術高超,還很有耐心,會真誠地聽患者的傾訴。一段時間後,希普曼離開了醫院,開了一家小診所,還帶走了一批患者,這些患者對他十分信任,不再去醫院看病,每次不舒服都會到希普曼的小診所去。可是,他們走進的卻是希普曼布下的死亡陷阱。

【冷靜的殺人狀態】

　　希普曼的被害人以老年婦女居多，但希普曼沒有對她們進行性侵，在殺死凱薩琳後他才偽造了一份遺囑，從而引起了凱薩琳女兒的懷疑，牽出了這一系謀殺案。也就是說，希普曼的犯罪動機既不是為了獲得性滿足，也不僅僅是為了將被害人的財產占為己有。而且希普曼與常見的連環殺手不同，不會對被害人進行折磨，他只會向被害人注射過量的嗎啡，然後等著被害人死去。那麼希普曼的殺人動機到底是什麼？希普曼從來沒有提及過自己的殺人動機，甚至都沒有承認殺人的罪行。心理分析專家認為，希普曼的犯罪動機與他的母親密切相關。

　　希普曼的母親去世時只有 43 歲，而且是在飽受病痛的折磨後才死去，當時的希普曼也只有 17 歲。與母親關係密切的希普曼，顯然無法接受母親的去世，這件事對他造成了巨大的打擊，甚至還為他的人生帶來了重大轉折。

　　母親的死讓希普曼選擇了醫學，他在醫學上投入了很大的熱情。希普曼曾親眼看著母親被病痛所折磨，只能依靠海洛因或嗎啡來緩解劇烈的病痛。於是在希普曼行醫後，他開始有了用嗎啡殺人的念頭，每當他看到比自己母親高壽的

用嗎啡殺人的醫生—哈羅德·希普曼

人時就想要殺死對方，他無法容忍那些老太太平安幸福地活在世上，而他的母親卻被病痛折磨致死。在用嗎啡殺人的時候，希普曼會感覺自己好像上帝一般，在主宰著患者的生死。

據統計，在希普曼行醫的23年裡，他一共殺死了215個人，也就是說希普曼平均每個月都要殺死一名患者。與大多數連環殺手不同，希普曼一直保持著很冷靜的殺人狀態，從未出現過放縱。

連環殺手的被害人一般會在6個以下，然後就會被捕。因為連環殺手會在一次次的作案中進入放縱的心理狀態中，會越來越迷戀殺人的過程，從而失去心理控制，不再那麼冷靜地進行反偵查，因而會留下大量的證據，增加了被捕的風險。據統計，連環殺手殺死6個人已經是極限，而殺死7個人以上的連環殺手非常少見，希普曼則殺死了215個人，而且作案時間長達23年。

希普曼在每次作案時，只會殺死一個人，不會進行犯罪更新，也就是說他不會像其他連環殺手一樣進入瘋狂的心理狀態，也不會放縱自己的殺人慾望。希普曼對藥物學十分有興趣，尤其喜歡在患者身上進行藥物實驗。有人推測，希普曼的第一次殺人可能發生在藥物實驗沒有掌控好藥物劑量的情況下。後來希普曼開始迷戀上了殺人的感覺，會策劃如何殺死一個病人，精確地掌握著嗎啡的使用劑量。

與許多連環殺手一樣，希普曼在服刑期間一直關注著關於自己的新聞，每當看到電視上在播放自己殺人的報導時，希普曼就會集中注意力去觀看，還總會露出得意的表情，因為他能從中回顧自己的殺人過程，從而重溫殺人帶來的刺激感。

■ 用嗎啡殺人的醫生—哈羅德‧希普曼

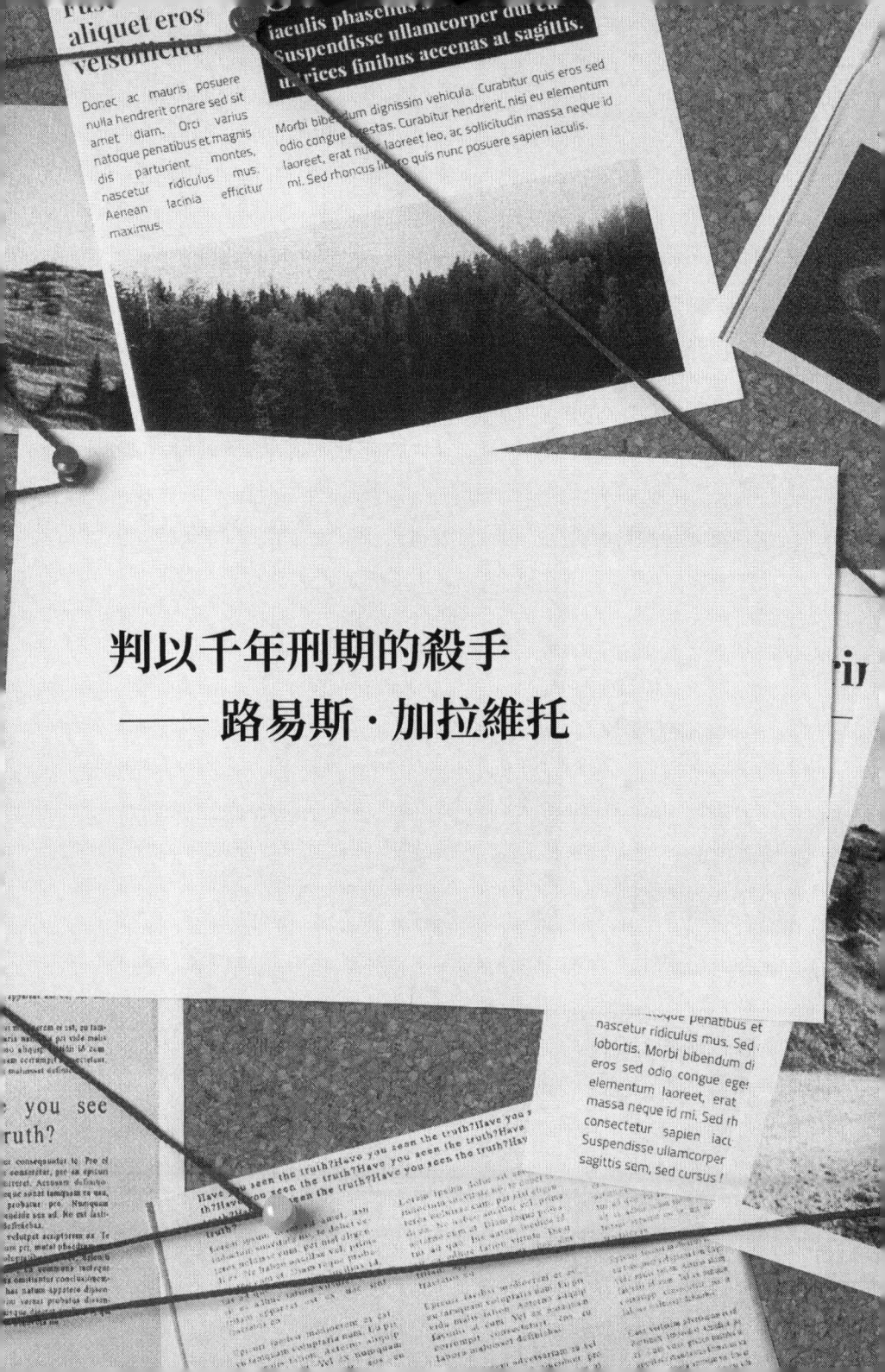

判以千年刑期的殺手
——路易斯·加拉維托

判以千年刑期的殺手—路易斯・加拉維托

1999 年 4 月,哥倫比亞比亞維森西奧的警方抓住了一名涉嫌綁架、性侵一名 12 歲男孩的犯罪嫌疑人,他名叫路易斯・加拉維托(Luis Alfredo Garavito Cubillos)。加拉維托在綁架被害人的時候正好被一個路人發現並報警。但警方並未立刻抓住加拉維托,他逃走了。幾日後,警方將加拉維托抓捕歸案,並在搜查加拉維托的住所時發現了一捆可疑的尼龍繩,這種繩子與之前發現的一名被害人屍體上的繩子完全相同,這讓警方開始懷疑加拉維托就是凶手。

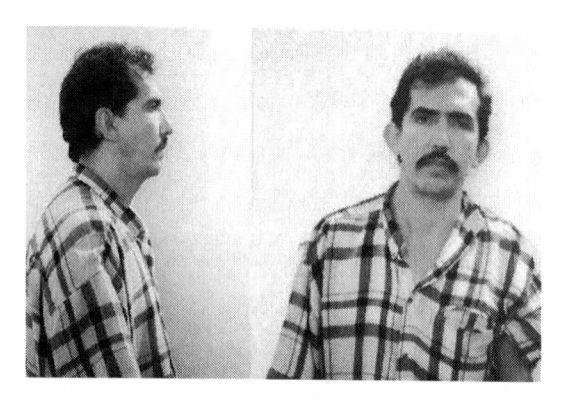

在審訊過程中,加拉維托不僅承認自己就是凶手,還對警方說在過去的 7 年內他先後姦殺了 140 名少年兒童,被害人的年齡在 6～16 歲。一個 42 歲的男人突然承認自己是製造上百起命案的連環殺手,而且在供述罪行時表現得十分冷靜,這讓警方懷疑加拉維托是否在說謊。

為了證明自己是一名兒童殺人狂,加拉維托十分配合警

方的工作，帶著警方找到了上百具被害人的骸骨。由於被害人大多是流浪兒童，沒有牙醫診療紀錄，因此警方無法確認被害人的身分。

加拉維托還向警方提供了一個皺巴巴的本子，上面有一些線條和記號，他說這是自己特殊的記錄方式，記錄了他殺害少年兒童的一些細節。在加拉維托剛被逮捕的時候，他出現了一些詭異的舉動並引起了警方的注意，他的面部表情非常怪異，還總是手舞足蹈地比劃著什麼。有一次，加拉維托緊緊拿著一枝鉛筆，並在一張白紙上反覆畫著兒童的形象。

此外，警方還找到了大量物證，例如 DNA 化驗結果、加拉維托遺留在案發現場的鞋子、眼鏡、車票和旅館收據等，這些物證均可以證明加拉維托就是殺害上百個少年兒童的凶手。警方還掌握了一條重要的線索，即加拉維托在旅館的住宿紀錄。每當一個地方發生多起兒童失蹤、遇害案件時，加拉維托都會在附近的旅館住下。加拉維托的左臂上有刺青，在一些目擊證人所描述的犯罪嫌疑人特徵中，左臂上的刺青也和加拉維托相符。在加拉維托承認罪行後，他一直被關押在哥倫比亞北部省城巴耶杜帕爾的監獄中，獄警為了防止加拉維托自殺和防止他被私刑處死，一直對他嚴加看管。

從 1992 年起，哥倫比亞的街頭開始出現兒童失蹤案，由於失蹤案是全國性的，警方一直懷疑兒童失蹤案與一些祕密

判以千年刑期的殺手—路易斯・加拉維托

的巫術宗教團體有關。警方還找到了 95 名嫌疑人,並開始集中調查其中 3 個具有重大嫌疑的對象。

由於當時哥倫比亞經歷了數十年的內戰,許多兒童沒有監護人,只能在街頭流浪,所以他們失蹤了也不會引起人們的重視。直到 1997 年,警方才開始重影片發的兒童失蹤案,因為警方在郊外偶然發現了一個大型白骨坑,裡面的遺骸都是少年兒童的。警方在全國範圍內展開了調查,不僅沒抓到凶手,反而發現了更多的少年兒童失蹤案。

根據加拉維托的供述,他的足跡遍布哥倫比亞,他沒有固定的職業,大部分時間都是在哥倫比亞各地流浪,他至少在 50 多個村鎮進行了謀殺。每當加拉維托流浪到某地後,他就會找一份臨時的工作,然後開始尋找合適的被害人下手。

加拉維托所殺害的少年兒童,要麼是無父無母的流浪兒,要麼是生活貧困的農家孩子,這些孩子既容易被騙,又不會引起人們的重視。由於哥倫比亞的治安狀況糟糕,再加上經濟形勢不好,有許多孩子都是流浪兒,所以加拉維托總是能輕易得手。有時候加拉維托也會到學校誘騙被害人。

加拉維托會用花言巧語、小禮物、小額現金或向被害人介紹合法打零工的地方等理由,將被害人騙到四處無人的野地。這時,加拉維托就會原形畢露,他會用尼龍繩將被害人綁在樹上,然後開始折磨、強姦被害人,最後他會割開被害

人的喉嚨。殺死被害人後,加拉維托會肢解屍體,然後找地方進行掩埋。

在作案時,加拉維托總會喝得酩酊大醉,因此許多案發現場都會有加拉維托扔下的酒瓶。有時候,加拉維托也會用酒來引誘被害人。

加拉維托十分擅長偽裝,他有時候會戴眼鏡,有時留著鬍子,有時戴著棒球帽。他會將自己裝扮成不同的身分,一會兒偽裝成道貌岸然的僧侶,一會兒又成了在街頭閒逛的商販。有一次,加拉維托還假扮成身障者,甚至冒充為老人和兒童提供資助的基金會的代表。因此,加拉維托有許多綽號,比如「呆子」、「教父」、「瘋魔」等。再加上加拉維托作案毫無規律可循,警方無法將這些失蹤案和一個連環殺手連繫起來。於是加拉維托到處作孽,逍遙法外7年之久。除了哥倫比亞外,加拉維托還曾在厄瓜多待過一段時間,可能在那裡也犯下了幾起命案。

1999年10月29日,哥倫比亞警方向外界宣布,他們抓住了一名殺害140名少年兒童的連環殺手,他就是加拉維托。這個消息不僅在哥倫比亞引起了轟動,還震驚了全世界,加拉維托成了全球第二大連環殺手。

全球第一大連環殺手和加拉維托一樣是哥倫比亞人,被稱為「安地斯山之魔」(The Monster of the Andes),名叫佩

■ 判以千年刑期的殺手—路易斯·加拉維托

德羅·羅培茲（Pedro Alonso López）。羅培茲曾在哥倫比亞、祕魯和厄瓜多殺害了 300 名少女，目前還被關在厄瓜多的監獄中。

加拉維托的罪行被曝光之後，各大媒體都開始集中報導該事件，他也因此成了駭人聽聞的妖怪、惡魔。在加拉維托的帶領下，警方找到了 114 具少年兒童的屍體，其中在哥倫比亞的里薩拉爾達省找到了 41 具屍體，這是發現屍體數量最多的地方，靠近此地的可可拉谷發現了 27 具。

在庭審中，關於如何處理加拉維托成了一個令法官頭痛的難題。加拉維托已經成為哥倫比亞人心目中的噩夢，許多人都呼籲將加拉維托處死，為死去的少年兒童償命。就連哥倫比亞的警察首腦也表示應該處死加拉維托，畢竟被害對象都是少年兒童，凶手應該受到最嚴厲的懲罰。但哥倫比亞已經廢除了死刑，如果處死加拉維托就會違反法律。

最終法庭出於尊重法律的考慮做出了裁定，沒有將加拉維托處死，而是裁定加拉維托需為 138 項謀殺罪負責，判處監禁 1,853 年又 9 天，他成了哥倫比亞司法史上被判處刑期最長的罪犯。而這千年刑期極有可能會讓加拉維托創下一項新的金氏世界紀錄。

■【揮之不去的童年陰影】

加拉維托為什麼會犯下如此令人髮指的罪行呢？心理學家認為，加拉維托的犯罪行為與他童年時期所遭受的虐待和性侵密切相關。加拉維托出生在哥倫比亞中西部的赫諾瓦，他有6個兄弟姐妹，他的父親曾對他進行過身體上和精神上的虐待，這導致加拉維托成人後無法正常地與女性交往。此外，加拉維托小時候曾被兩個男人多次雞姦過。

成年後，加拉維托的生活一直不順，他頻繁地更換工作職位，所從事的工作報酬都很低。後來加拉維托開始買醉，他常常借喝酒來緩解自己鬱悶的心情，但喝酒只會讓他更加鬱悶。加拉維托還曾自殺過，只是沒有成功。後來，加拉維托還去看了精神醫生。他的精神狀態一直很不穩定。

在一個人成長的過程中，存在著各式各樣的風險因素，例如糟糕的童年經歷、學業或工作上的失敗等，這些風險因素有可能會導致一個人走上違法犯罪的道路。據研究，一個人的嚴重犯罪行為可以從他的童年經歷中找到原因。對於一些罪犯來說，他的童年經歷預示著他會在成年期出現許多行為問題。例如加拉維托在童年時曾遭遇過虐待和性侵，這導致他無法與女性發生正常的兩性關係，也無法保持穩定的工

判以千年刑期的殺手—路易斯·加拉維托

作,精神狀態一直不穩定,需要藉助喝酒和虐殺兒童來緩解內心的苦悶。

因此對於一個人來說,成長於一個健康的家庭中十分重要。在一個健康的家庭中,父母或監護者扮演著保護神的角色,保護孩子避免受到各種風險因素的影響,從而讓孩子遠離嚴重的反社會行為。當然,成長期所遇到的風險因素與反社會行為之間並不存在必然的因果關聯。也就是說,一個人之所以會犯罪,甚至成為一個連環殺手,並不一定是因為他來自一個糟糕的家庭環境。

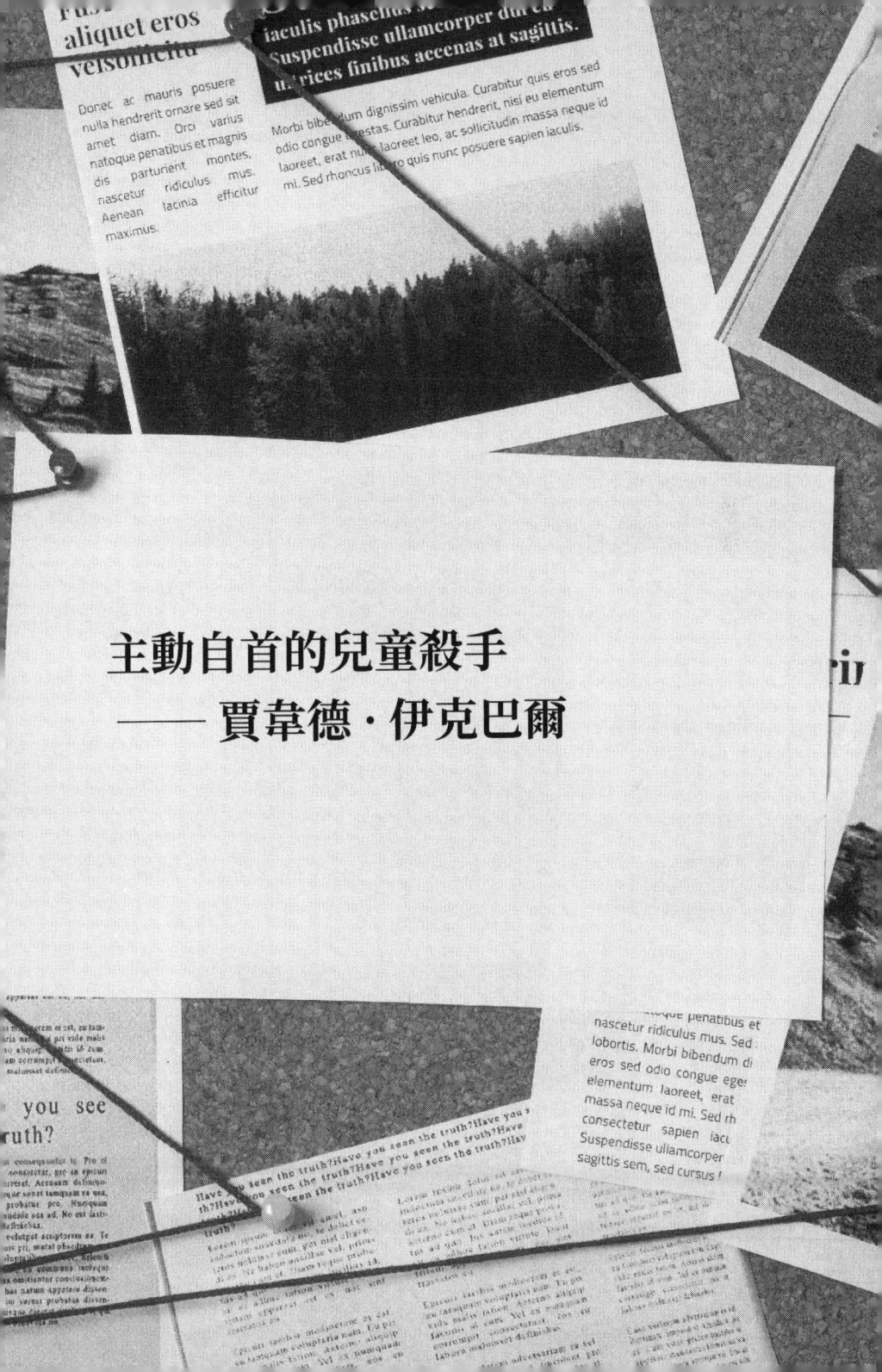

主動自首的兒童殺手
——賈韋德·伊克巴爾

主動自首的兒童殺手—賈韋德・伊克巴爾

1999 年 12 月，巴基斯坦拉哈爾市的警察局收到了一封信。這是一封投案自首的信，寫信者說，他犯下了十分嚴重的罪行，性侵並殺害了 100 名兒童，被害人的年齡從 6 歲到 16 歲不等，他將所有的謀殺細節都記錄在日記本和一個 32 頁的記事本上，他將被害人殺死後，肢解並用強酸溶解掉了他們的屍體。最後寫信者表示這封信是他的懺悔狀。這封信並未引起警察的重視，警察只當是一個無聊者在搞惡作劇，然後隨手將信揉成紙團，扔到了垃圾桶裡。

不久之後，警方就接到了一通記者的報案電話。原來報社的記者也接到了一封這樣的信，寫信人一式兩份，一封信寄給了警察局，另一封則寄給了報社。

寫信人名叫賈韋德・伊克巴爾（Javed Iqbal），43 歲。伊克巴爾在 18 個月內殺死了 100 名兒童，在殺死第 100 個被害人後，伊克巴爾覺得已經達到了自己的目標，所以他就寫了一封信投案自首。

伊克巴爾所選擇的被害人大都是流浪兒，或是離家出走的孩子，他們生活在一個貧困的家庭中，即使失蹤了，也不會引起警方的重視。伊克巴爾處理屍體的方式很特別，他會將被害人的屍體肢解，然後用強酸銷毀，這樣警方就不會發現被害人的屍體，更加不會重視這些失蹤的兒童。

警察雖然將伊克巴爾的懺悔信扔到了垃圾桶裡，但記者卻很重視，並決定按照信上所留下的地址去一探究竟。當警方接到記者的電話後才重視起來，開始研究伊克巴爾的懺悔信。

當記者和警察來到伊克巴爾的家中後才意識到那封懺悔信所陳述的都是事實。伊克巴爾住所的牆壁和地板上到處都是血跡，還有隨處可見的血手印，地上有許多繩索和鏈條，還有一些照片。這些照片都是在被害人臨死前所拍攝的，他們的年齡都很小，最小的甚至還不滿10歲。伊克巴爾也因此成為巴基斯坦獨立後的第一個連環殺手。

在之後的搜查工作中，警方找到了大量的物證。屋內有5個大塑膠袋，裡面都是兒童的衣物，還有鞋子。最關鍵的是，警方還找到了兩個大桶，裡面盛著強酸，還有人體殘骸沒有被完全腐蝕掉。

伊克巴爾還將每個被害人的資訊，包括身分、謀殺方式和死亡時間都寫成了卡片，並將這些卡片編上號碼，用大頭

主動自首的兒童殺手—賈韋德·伊克巴爾

針釘在牆上。伊克巴爾在一張卡片上寫道:「為了不被警察注意,所有被害人的屍體不能隨意丟棄,只能用強酸腐蝕掉,只要毀屍滅跡了,警方就沒有證據了。」另外一張卡片上寫著:「我已經準備好自盡了,就跳拉維河吧。」

屋子裡所有的一切讓警方意識到了問題的嚴重性,但除了一屋子的罪證外,這裡一個人也沒有。警方以為伊克巴爾真的投河自盡了,就派人到拉維河打撈,但並沒有打撈到伊克巴爾的屍體。於是警方開始在全國範圍內撒網搜捕伊克巴爾,這是巴基斯坦歷史上最大規模的一次搜捕行動,但還是沒有找到伊克巴爾。

雖然搜捕工作進展不理想,也不是一無所獲,警方抓住了伊克巴爾的3名同夥,他們都很年輕,分別只有17歲、15歲、13歲。他們曾經是被害人,因無家可歸被伊克巴爾騙到家中,經歷了性虐待後,他們成了伊克巴爾的同夥,協助伊克巴爾誘騙一些兒童,供伊克巴爾進行虐殺。

1999年12月30日,警方接到了報社的電話,原來伊克巴爾去報社自首了,他之所以沒有去警察局投案自首,是因為他根本不相信警察,覺得警察就是一群玩忽職守的人。於是,他選擇到報社自首。

伊克巴爾向記者和警察承認和交代了自己所犯下的罪行,他將被害人殺死後,會用強酸溶解屍體,然後再扔到河

裡。他還交代，他選擇用鹽酸來溶解屍體，因為這樣可以節省開支，伊克巴爾坦言，殺害一名兒童只需要花費120盧比。當警察問伊克巴爾有關被害人的身分資訊時，伊克巴爾根本不想回答，他直接反問道：「這難道不是警察的工作嗎？」

　　警方向外界釋出了失蹤兒童的身分資訊，希望他們的父母能來認領自己的孩子，並帶走遇害兒童的遺物。消息一經釋出，來自全國各地的父母都集中到了拉哈爾市，他們一直在等待著庭審。在庭審當天，被害人的父母們一直在法庭外面等候審理結果。他們情緒太過激動，為了法庭秩序，他們沒有被允許進入法庭。不過，父母們還是在法庭外高喊著要將伊克巴爾處死。

　　雖然伊克巴爾在記者和警察面前如此坦誠，但到了法庭上卻開始抵賴，推翻了之前的一切供詞，拒絕承認自己殺人，他說自己在接受審訊的時候遭到了警方的嚴刑逼供，所以才不得不承認自己殺人。他寫信和自首只是為了引起社會對失蹤兒童的關注，這只是一場惡作劇而已。

　　不過，法官並不相信伊克巴爾的花言巧語，畢竟警方在伊克巴爾的住所找到了大量的證據，既有被害人的衣物，還有伊克巴爾所寫下的殺人紀錄，筆跡鑑定確認那些卡片和日記、記事本的確是伊克巴爾所寫。儘管警方沒有找到被害人完整的屍體，這一系列間接證據均可以證明伊克巴爾所犯下的罪行。

主動自首的兒童殺手—賈韋德·伊克巴爾

2000年3月16日，法官和陪審團經過商討之後做出了一項令人震驚的裁決，伊克巴爾被判處當眾實施絞刑，行刑地點就在他誘騙被害人的廣場，而且伊克巴爾被處死後他的屍體要被肢解成100塊並用強酸溶解。那3名協助伊克巴爾作案的犯罪嫌疑人，雖然還未成年，也要被判刑，法官認為年少不能成為他們違法犯罪的理由。

伊克巴爾的辯護律師認為這項刑罰太過殘忍，不符合法律規定，他要求上訴，重新對此案進行判決。辯護律師聲稱，伊克巴爾並沒有殺人，那些兒童只是失蹤了，不應該被認定為死亡。

這項裁決一經公布，立刻引起了全國範圍內的轟動，宗教和人權組織強烈抗議這項裁決，在他們看來這項裁決雖然是以牙還牙，但未免太過殘忍，與伊斯蘭教的教義背道而馳。在信仰伊斯蘭教的人看來，對一個人的屍體進行切割，是對死者的一種褻瀆。

2001年8月，伊克巴爾和本案的一個從犯死在了監獄中，死亡原因是窒息，他們被發現時懸掛在牢房的欄杆上，警方認定二人是上吊自殺的。但不少人懷疑二人是在監獄中被人殺害的，畢竟當時伊克巴爾正在等候上訴，沒理由自殺。最關鍵的是，法醫在檢查二人的屍體時發現了被毆打的痕跡。

伊克巴爾為什麼要殺人，而且還制定了殺人目標，並且在達成目標後主動自首？他這麼做的動機到底是什麼呢？伊克巴爾曾給出過一個答案，他的犯罪動機只有一個，那就是報復，報復社會，報復警察，為他死去的母親報仇。

1956年，伊克巴爾出生於旁遮普省拉哈爾市一個富裕的家庭，他的父母經商，家裡的經濟條件不錯，他是家中的第六個孩子。

伊克巴爾的成績不錯，在高中時就參加了大學預科考試，成為一名插班生。在大學期間，伊克巴爾開始在父母的支持下創辦公司，做起了鋼鐵建材的生意。雖然都是一些小生意，但對於還在上大學的伊克巴爾來說，這也算是一項不錯的成就了。

與伊克巴爾相識的人都知道他是個「男孩獵手」，他的性取向異於常人，他很喜歡和男孩們在一起，會想盡辦法哄騙男孩與他發生性關係。伊克巴爾經濟條件優越，總能成功引起很多男孩的注意，他經常帶著一些男孩到自己的別墅居住，父親送給了伊克巴爾兩棟別墅，還送給了他一輛十分拉風的機車。有些男孩雖然不情願與伊克巴爾發生性關係，但會在伊克巴爾的小恩小惠下選擇沉默。當時，伊克巴爾只是強迫男孩與自己發生性關係，並沒有殺人滅口。

在巴基斯坦，雖然宗教明令禁止同性戀和戀童癖，但在

主動自首的兒童殺手—賈韋德・伊克巴爾

一些地方,與男子或男童發生性關係卻得到了人們的默許。在許多人看來,這是一名成年男子驕傲的資本,是一種身分地位的象徵。因此,在巴基斯坦,同性戀和戀童癖雖不能光明正大地出現,卻真實存在著。

一天,伊克巴爾按照約定與一個男孩見面,男孩並未出現,倒是湧上來許多警察將伊克巴爾抓住。原來一週前警方接到報案,報案者聲稱自己的兒子被人性侵了,犯罪者給了他兒子 100 盧比,並約定一週後在同一個地方見面。於是警方提前在此地埋伏,等待伊克巴爾上鉤。

這是伊克巴爾第一次被捕,最終雙方調解成功,伊克巴爾在交了一筆保釋金後就獲得了自由。但伊克巴爾並沒有收斂,而是繼續尋找相貌端正的男孩,並性侵他們。

當伊克巴爾的父母得知兒子的所作所為後,起初想要幫助兒子改掉這種惡習,但遭到兒子強烈的反抗後,他們就不再管了,任由伊克巴爾胡鬧。

1990 年年底,警方再次接到報案,一名被害人聲稱他被伊克巴爾性侵了。當警方趕到伊克巴爾的家中時,伊克巴爾早就逃走了,於是警方只好將伊克巴爾的父親和兩個兄弟帶走,想要藉此引出伊克巴爾。但伊克巴爾的家人在拘留所裡待了 7 天,伊克巴爾都沒有露面。

警察為了盡快抓住伊克巴爾,只能將一名與伊克巴爾關係

密切的男孩抓起來。這次警察沒等多久，就等來了伊克巴爾的自首。不久，伊克巴爾在交了一大筆保釋金後，被放了出來。

對於第二次被捕，伊克巴爾毫不在意，但他的家人卻很擔心伊克巴爾繼續胡鬧下去會自毀前途，就給伊克巴爾安排了一門婚事。伊克巴爾反對這門強行安在他身上的婚事，他對父母說自己早就結婚了，妻子是他認識的一個男孩的姐姐。伊克巴爾沒有說謊，不過他對妻子並不感興趣，他只是希望能將妻子的弟弟留在自己的身邊。

不久之後，伊克巴爾就開了一家電子遊戲廳。這是一家免費對外開放的遊戲廳，男孩們可以免費在這裡玩遊戲。伊克巴爾的目的並不是賺錢，只是想利用遊戲廳引誘男孩上鉤。後來當家長們得知這個遊戲廳不正常後，就禁止自己的孩子去遊戲廳。伊克巴爾只好將遊戲廳改裝成水族館。當水族館不再吸引男孩後，又被改成了體育館。

為了引誘被害人，伊克巴爾可是想盡了辦法。有時，伊克巴爾會故意扔100盧比在地上，然後藏起來偷偷觀察誰會撿起來。當有男孩撿錢的時候，伊克巴爾會立刻上前，非說男孩偷了自己的錢，並提出搜身的要求。然後伊克巴爾會將男孩帶到自己的住處去「搜身」，他性侵過男孩後，會將那100盧比送給男孩當報酬。後來，伊克巴爾還建立了學校、廉價雜貨店，只為了滿足自己的戀童癖需求。

■ 主動自首的兒童殺手—賈韋德·伊克巴爾

1993 年，伊克巴爾得到了 350 萬盧比的遺產，這是他的父親留給他的。伊克巴爾利用這筆錢修建了一棟十分豪華的別墅，他經常邀請男孩到別墅來玩。

1998 年 10 月，伊克巴爾再次被捕入獄。原來伊克巴爾在準備性侵兩名男孩時，被兩名男孩聯手打傷，男孩們在離開伊克巴爾的住所時還拿走了 8,000 盧比。

伊克巴爾隨後報了警，開始一邊在醫院養傷，一邊等待警察的調查結果。警方本以為這只是一起搶劫案，當抓住犯罪嫌疑人後，嫌疑人又指控伊克巴爾性侵。於是在伊克巴爾養好傷後，就被警方抓捕了。

這一次沒人幫伊克巴爾繳納保釋金了。伊克巴爾的家人對他這種屢教不改的行為十分失望，再加上家族破產，沒有人願意出錢幫助伊克巴爾。最後法院只能將伊克巴爾的房產和店鋪拍賣。當伊克巴爾獲得自由後不久就得知，自己成了一個一無所有的窮光蛋。

就在伊克巴爾心灰意冷之際，他接到了一個噩耗，他的母親去世了。原來當伊克巴爾的母親得知兒子被抓後，生了一場大病，不久就離開了人世。這樣一來，伊克巴爾在世上再也無人可以依靠，他變得異常憤怒起來，他覺得這一切都是那兩名男孩和警察造成的，於是伊克巴爾決定展開一場報復行動。他開始了瘋狂的殺戮，他一邊打聽那兩名男孩的下落，一邊引

誘、性侵和殺害男孩。為了不被警察注意，伊克巴爾在選擇下手對象時十分小心謹慎，盡量選擇一些流浪兒童。

伊克巴爾之所以能成功實現自己的目標，而且不被警察注意到，除了因為他小心謹慎外，還有一個十分重要的因素，即執法部門的不作為。這讓巴基斯坦人十分憤怒，如果不是伊克巴爾主動自首，或者伊克巴爾的目標不是100人，那麼將會有更多的兒童被害。

死在伊克巴爾手中的兒童有100名，也就是說即使警方在沒有發現屍體的情況下，也應該對這上百起的兒童失蹤案重視起來。警方表示，他們一共只收到了25起兒童失蹤的報案。那麼，為什麼失蹤孩子的父母不報警呢？

一名被害人的母親表示，她永遠不會去找警察幫忙，因為巴基斯坦的警察不會為人們，尤其是窮苦百姓提供服務。事實上，許多巴基斯坦人都害怕與警察打交道，即使他們去警察局報案，十有八九都會被拒之門外。

伊克巴爾的鄰居們應該早就注意到了異常。伊克巴爾的住所位於當地的繁華街區，那裡人來人往，應該有不少人注意到伊克巴爾常常將一些男孩領到家中，而且這些男孩基本上都是有進無出。最關鍵的是，伊克巴爾的住所經常會散發出鹽酸腐蝕屍體的酸臭味。對這種種異常現象，鄰居們都選擇了無視，或許在他們看來只要管好自己家的事情就行了。

■ 主動自首的兒童殺手──賈韋德・伊克巴爾

■【更容易被征服的兒童】

當我們聽聞猥褻兒童和性侵兒童的事件後，通常會聯想到戀童癖。戀童癖是一種病態的心理，是以未成年人為對象獲得性滿足的一種病理性性偏好。戀童癖與針對兒童的性犯罪之間並不能畫上等號。也就是說，戀童癖並不一定會對兒童實施性侵害，戀童癖是一種需要矯正的心理或精神狀態。

伊克巴爾不僅是一個戀童癖，還是一個性侵兒童的罪犯。那麼，像伊克巴爾這樣性侵兒童的罪犯為什麼會對兒童產生性慾呢？從生理成熟的角度來看，兒童不同於成人，不具備典型的交配和繁殖能力等生理特徵，即兒童稚嫩的外表通常不會讓人產生性慾。

性侵兒童的罪犯將魔爪伸向兒童，不單單是為了滿足自己的生理慾望，更是為了一種扭曲的心理滿足。兒童，不論是從生理還是心理上，其成熟度都遠不及成人。在面對兒童的時候，成人占據力量和心理上的優勢。總之，兒童比成人更容易被控制。

提到被強姦的被害人，許多人都會想到女性。這倒不是因為性別歧視，女性之所以常常會成為強姦的被害人，是

因為男女力量上的懸殊。因此當強姦犯用力量去制服一名女性，並強迫與其發生性關係的時候，會產生一種征服權力感，會錯誤地認為自己是個強大且具有力量的人。不過這種征服權力感並不是所有強姦犯都具有的犯罪動機，有些強姦犯或許是因為憎恨女性。

當一名強姦犯的犯罪動機是為了獲得征服權力感時，他在選擇目標的時候會傾向於選擇一些容易得手的、脆弱的人，因為這樣的人更容易被他制服，更加符合他的犯罪動機。

性侵兒童的罪犯比強姦犯更加強烈地想要制服目標，並獲得征服權力感，因此才會對兒童這種更容易順從自己的人產生性慾。即使兒童不順從自己，罪犯也可以輕易制服兒童，而且制服兒童要比制服一個成年女人更加容易。

據調查，性侵兒童事件常常發生在熟人之間。也就是說，性侵兒童的罪犯通常會向親朋好友的孩子下手，很少會去找陌生兒童。像伊克巴爾這樣為了滿足自己的性慾而向陌生兒童下手的罪犯雖然不常見、發生的機率很低，但十分可怕。

從伊克巴爾的犯罪經歷來看，最初他只是用某些手段來強迫兒童與自己發生性關係，並未出現殘忍的殺人行為。但是後來當伊克巴爾因被兩名男孩指控性侵第三次入獄後，尤

主動自首的兒童殺手—賈韋德·伊克巴爾

其是當他得知母親因此而去世後,他開始了殘忍的報復行為,凡是與他發生過性關係的男孩全都被他滅口了。在伊克巴爾看來,他殺死100名兒童固然殘忍,但他只是為了報復。

這是一種令人難以理解的錯誤思維。其實許多連環殺手都像伊克巴爾一樣,不會認為自己所犯下的罪行是錯誤的,在他們看來自己只是觸犯了法律。伊克巴爾從來不覺得自己性侵男童是錯誤的,所以一再因性侵男童而入獄。即使伊克巴爾犯下了嚴重的殺人罪,他也不覺得錯在自己,在他看來,這一切都是為了報復。他從來沒有意識到導致母親去世的罪魁禍首其實就是他自己,而那兩名男孩也是被害人,他們只是在維護自己的正當權益。

或許一個正常人會在強烈的報復心理下犯下殺人罪,但他們不會頻繁地殺人,而且當他們恢復理智後,就會立刻覺得自己的行為是錯誤的,會感覺到愧疚,因此會避免再次出現類似的行為。但伊克巴爾顯然不是,他頻繁地殺人,他的說辭是報復,但其實只是為了滿足自己扭曲的心理需求。

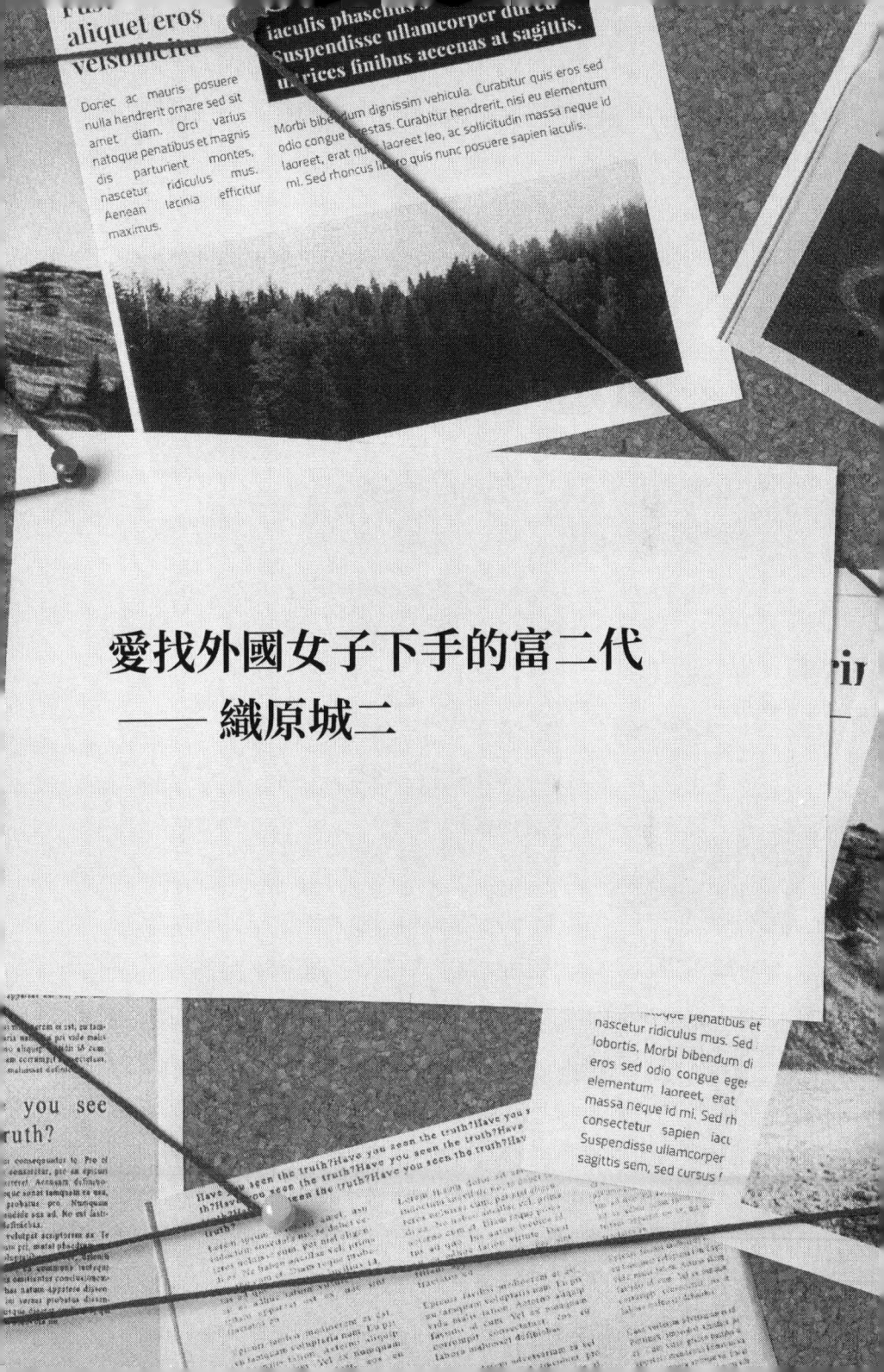

愛找外國女子下手的富二代
―― 織原城二

愛找外國女子下手的富二代—織原城二

2000 年 7 月 2 日中午，日本東京的警方接到一名英國女子露易絲‧菲利普的報案電話，她的好朋友露西‧布萊克曼（Lucie Blackman）在昨天晚上失蹤了，電話也打不通。

露西來自英國肯特郡一個中產階級家庭，曾在英國的一家航空公司擔任空姐，後來由於不滿待遇，就和高中時的朋友露易絲來到日本東京賺錢，打算賺些錢去環遊亞洲。在日本東京，有許多類似於風月場的酒吧，酒吧會應徵一些陪酒女，只是陪著客人喝酒，而且許多酒吧禁止陪酒女和客人私下聯絡和外出。如果陪酒女私下與客人進行交易，酒吧不承擔任何責任。

陪酒女的工作雖然簡單，但年收入卻非常可觀，能達到 20 萬美元以上。露易絲的姐姐就在一個名為卡薩布蘭卡的酒吧中當陪酒女，露易絲和露西在她的介紹下，也在該酒吧工作。

7 月 1 日晚上 7 點左右，露易絲接到了露西的電話，她說自己正在外面約會，還有一個小時才能去上班，希望露易絲能幫自己頂替一會兒。到了下班時，露西還是沒出現，於是在凌晨 1 點左右露易絲打電話給露西了解情況，露西的電話卻關機了。整夜，露西都沒回公寓，露易絲很擔心她的安危，就報了警。

警方在了解了基本情況後，決定從與露西有密切接觸的男性下手調查，但由於露西失蹤的時間還沒達到 72 小時，警

方決定在露西失聯 72 小時後再進行調查。

　　7 月 3 日中午，露易絲接到了一個陌生男子的電話，男子聲稱自己是露西的朋友，名叫高木晃，他正和露西參加一個宗教組織，不能與外界聯絡，希望露易絲不要再來打擾他和露西。結束通話電話後，露易絲覺得該男子很可疑，於是立刻跑到警察局將此事告訴了警察，並懇請警察立刻展開調查，她很擔心露西的安危。但警方並未重視此案，因為當時有許多外國女性非法在日本工作，也經常會出現失蹤女性和日本富豪私奔的情況。

　　不同於警方，露易絲很擔心露西的安危，就將露西失蹤的事情告訴了她的家人。露西的家人將她失蹤的消息透露給了英國當地媒體，許多英國大媒體，例如 BBC、《每日電訊》、《泰晤士報》、《衛報》等也對露西的失蹤進行了報導。露西的失蹤在英國得到了許多人的關注，就連時任英國首相的東尼·布萊爾也得知有個英國女子在日本失蹤了。

　　2000 年 7 月 22 日，布萊爾前往沖繩參加 G8 峰會，在會上布萊爾向日本內閣總理大臣森喜朗提及了露西失蹤的事情，並表示希望日本警方能重視起此事。森喜朗根本沒聽說過此事，只能向布萊爾承諾在峰會結束後，會督促警方展開調查。7 月底，G8 峰會結束後，森喜朗立刻向東京的警察總監詢問了此事，露西的失蹤也因此得到了警方的重視。

愛找外國女子下手的富二代—織原城二

　　警方認為露西要麼是自願和人離開，要麼是被人誘拐走了。警方在調查了露西名下的存款和信用卡等交易資訊後，發現露西自失蹤那天起就沒有進行過任何交易。露易絲向警方透露，露西在消費的時候通常都會選擇刷卡，身上有時也會攜帶一些現金，但金額不會太多，根本無法應付長期旅行。警方由此推測，露西自失蹤起就被人控制住了，極有可能已經遭遇不測。於是警方開始蒐集東京從 7 月 1 日起出現的各種死亡、重傷事故資訊，還留意了被發現的無名屍體，但還是沒有找到露西的下落。

　　8 月中旬，警方開始進行排查工作，對凡是和露西接觸過的人都一一進行了排查。露西來到日本還不到兩個月，社會關係非常有限，除了露易絲外，所接觸的人只有酒吧的同事和客人們。

　　經過幾週的排查，警方終於鎖定了一名嫌疑人，他名叫織原城二，是一家房地產物業公司的社長，之前有過性騷擾的前科。

　　2000 年 8 月 20 日，露西的父親蒂姆・布萊克曼（Tim Blackman）和妹妹蘇菲（Sophie）在申請到日本簽證之後來到了東京，並公開表示願意提供 1 萬英鎊懸賞，希望知情人能主動與他們聯絡，提供露西的下落。後來，蒂姆將懸賞金額提升到 10 萬英鎊。

與此同時，許多媒體開始報導露西失蹤的消息，有些媒體猜測露西很可能是被日本的黑社會給拐賣了，有些媒體甚至爆料說露西被販賣人體器官的組織給拐走了。由於露西遲遲沒有消息，各個媒體開始朝著獵奇的方向進行推測。

　2000年9月20日，警方召開了第一次媒體見面會，在見面會上公布了許多重要資訊，例如已經鎖定了重要嫌疑人織原城二。按照以往的慣例，警方只會在掌握了充足證據的情況下才會對外公開嫌疑人的名字和消息，警方的此舉讓許多媒體猜測警方已經確認織原城二就是犯罪嫌疑人了。第二天，織原城二的名字就出現在了各大媒體的頭版頭條上，而織原城二本人在得到消息後選擇躲避在自己位於神奈川縣逗子市的豪宅內閉門不出。

　2000年10月3日，警方收到了一封用打字機打出來的信，署名是露西·布萊克曼。信中還有1萬美元的現金，露西在信中說她已經離開了日本，希望警方能幫她把這些錢還給債主們，露西還特地列下了一個欠款名單，上面寫著人名和金額。警方懷疑這封信根本不是露西所寫，而是織原城二為了迷惑警方耍的小花招。

　2000年10月9日，織原城二被警方以猥褻、非法拘禁的罪名強制逮捕。織原城二在看到警察後，還試圖進行最後的抵抗，他說警察私闖民宅。最後織原城二在看到警方所出

愛找外國女子下手的富二代—織原城二

示的逮捕證和搜查證之後，就放棄了抵抗，任由警察將他帶上警車。

警方在搜查織原城二的豪宅時發現了大量的成人錄影，多達四五千部，而且警方發現這些錄影中有 400 多部是織原城二自己拍攝的，裡面的內容多是織原城二對昏迷中的女子進行性侵，警方懷疑受害女子應該是被麻醉劑迷暈了，然後遭到了織原城二的強姦，而織原城二則將整個過程都拍攝了下來。

每段錄影都是以織原城二的個人演說開始，他會對著鏡頭說，受害女子是為了金錢才出賣自己的肉體，透過性魅力去控制男人，而他要做的就是透過性來征服女人，以達到報復的目的，他決定透過征服各種膚色、人種的女人，讓所有的女人知道只有男人才是真正的勝利者。之後織原城二就開始對女子實施性侵。

警方在對錄影中的受害女子進行辨認的時候遇到了很大的困難，織原城二在拍攝的時候沒有注意環境光線的問題，有許多受害女子的面容根本看不清，最終警方只辨認出了大約 150 名受害女子。在這些受害女子中警方發現了一名白種人女性，但她不是失蹤的露西，而是卡麗塔・瑞吉維（Carita Ridgway）。

卡麗塔於 1992 年 2 月 25 日在東京失蹤，4 天後卡麗塔

的裸屍出現在神奈川縣三浦市的一家醫院門口。在屍檢中，法醫發現卡麗塔因吸入過量的氯仿而亡。氯仿是一種麻醉劑，由於使用起來較為安全，許多醫院都會在手術中使用氯仿。但氯仿並不是絕對的安全，如果大劑量使用會導致一個人出現急性肝臟壞死、心律不齊等症狀，如果不及時搶救會導致死亡。許多犯罪分子為了控制被害人，會在綁架、強姦中使用氯仿。卡麗塔顯然是被人殺害的，但當時警方所掌握的線索十分有限，這件命案就被擱置起來，直到8年後警方才找到了殺害卡麗塔的凶手，警方還在織原城二的豪宅中發現了大量的氯仿、大麻、嗎啡等麻醉藥物。

錄影帶和麻醉藥物均屬於重要證物，除了可以證明織原城二犯下綁架、迷姦罪外，還可以證明露西的失蹤和他密切相關，他極有可能就是殺害卡麗塔的凶手。在審訊中，對於警方的指認，織原城二通通否認，他說那些錄影帶並不能證明他在強姦，他在拍攝錄影帶之前經過了女子的同意，那些女子看起來昏迷不醒，實際上只是在裝睡而已。

3天後，警方接到一通匿名報案電話，報案者是個公寓管理員，就在織原城二所居住的公寓工作。在7月5日這天，管理員按照慣例對公寓住戶挨戶進行煤氣洩漏報警器檢查，在檢查到織原城二的公寓時，遭到了對方惡劣的拒絕。在當天晚上，管理員就注意到織原城二拿著一把鐵鍬出門了。警

愛找外國女子下手的富二代—織原城二

方根據管理員所提供的地址查到,織原城二的確在神奈川縣的三浦市海邊有套公寓。

之後,警方在對該公寓進行搜查的時候在浴室發現了血液的螢光反應,血型恰好與失蹤的露西相符合。警方懷疑織原城二在這裡殺害露西後,就在浴室裡處理了露西的屍體,事後用清潔劑對浴室進行了清洗。由於清潔劑的干擾,警方只能檢測到血液殘留物的血型,而無法進行 DNA 鑑定。根據公寓管理員的證詞,織原城二一定在這棟公寓附近的海邊進行了拋屍,於是警方立刻派出警犬搜查隊搜尋露西的屍體,但毫無所獲。

2000 年 10 月 27 日,織原城二再次被警方逮捕,這次的罪名是猥褻未遂。在 3 天前,警方接到一名加拿大女性的報案電話,她告訴警方自己在和織原城二喝酒的時候突然失去了意識,等她清醒時發現自己正在織原城二的車上,她看向窗外發現汽車正朝著海岸行駛,她突然覺得很害怕就開始拚命反抗,織原城二被迫停車,她則利用這個機會從車上跳下逃走了。作為證人,這名女子到警察局當面指認了織原城二。面對證人,織原城二只能認罪,但他只承認自己在酒中投放麻醉劑,想要將對方帶回自己的公寓,其他的一概否認,還說自己根本不認識露西,露西的失蹤和他毫無關係。織原城二在被拘留了幾天後,再次獲得了自由。

2000 年 11 月 17 日，東京地方檢察院以強姦罪對織原城二再次實施抓捕，在搜查織原城二的一處住所時，警方發現了一些女性的毛髮，之後警方從露西家人那裡得到了露西的毛髮樣本，並將兩者送去進行 DNA 鑑定。

2000 年 12 月 14 日，織原城二因多項強姦罪接受審判，在法庭上織原城二否認了所有的指控。12 月 31 日，織原城二再次接受審判，這一次出庭的證人一共有 5 名女子，其中外國女子 3 人，日本女子 2 人。這 5 個證人共同指證，她們均被織原城二用麻醉劑迷暈後帶到飯店或公寓，然後就在昏迷中遭受了性侵。

之後，織原城二又一次接受了審判，這次的罪名是強姦致死，警方向法庭遞交了織原城二對卡麗塔實施性侵的錄影帶，這是一件十分重要的證物。在法庭上，織原城二表現得十分冷靜，他說自己只是在和卡麗塔發生性關係，既沒有強姦她，更沒有將她麻醉。隨後警方遞交了另外一份證物，即卡麗塔的屍檢報告，法醫在她的體內檢測到了麻醉劑的成分。對此，織原城二說他沒有誘使或強迫卡麗塔服用麻醉劑，就算她的體內有麻醉劑的成分，也不能說明他讓卡麗塔服用了麻醉劑。

與此同時，警方正在全力搜查露西的下落，但一直沒有發現露西屍體的蹤跡，直到 2001 年 2 月 9 日，警方接到一

愛找外國女子下手的富二代—織原城二

通匿名電話。匿名報警者提供了一個地點,即三浦市海邊的洞穴。警方在經過幾個小時的搜尋後,終於找到了一個可疑的洞穴,並挖出了一個浴缸,浴缸裡是一具被肢解的女屍,而且是位白人女子。後經證實,女屍正是失蹤的露西。3月3日,露西的屍體被送往英國下葬。

警方在進一步的調查中發現,織原城二名下的一處倉庫中有許多電鋸、水泥等可疑物品,還有7月2日大量購買乾冰的單據。警方懷疑,露西被害後織原城二擔心屍體腐爛的氣味會引人懷疑,於是就購買大量乾冰防止屍體腐爛。而電鋸、水泥之類的物品應該是織原城二肢解、處理屍體時所使用的。對於這些證物,織原城二辯解說,他的寵物狗在7月分突然死了,為了儲存遺體所以才購入了大量的乾冰,至於水泥是幫一個生意夥伴購買的。

2006年8月,織原城二因殺害露西接受審判。為了逃避出庭受審,織原城二將衣服脫光躲在看守所裡拒絕上庭。

之後，織原城二為了求得露西父親蒂姆的諒解，向他支付了150萬美金，蒂姆也接受了。

2007年7月24日，織原城二在東京地方法院接受審判，這一次他除了要面臨多項強姦指控外，還要因殺害卡麗塔和露西受審。最終織原城二因殺害卡麗塔被判處終身監禁。至於謀殺露西這一指控，法庭認為證據不足，所以宣判罪名不成立。對此露西的家人表示，他們不會接受這一結果。織原城二也不接受這一結果，他認為自己是完全無罪的。

2008年7月，警方在調查時發現織原城二曾在1994年以卡麗塔朋友的名義給了卡麗塔家人100萬美金。對此織原城二表示，這只是為了表達歉意所支付的道歉金，並不能證明他就是殺害卡麗塔的兇手。

2008年9月，逗子市的警方在檢查以往的報警電話錄音時發現了織原城二打來了求救電話。織原城二在電話中顯得很慌張，還說有人因過量服藥快要死了。警方懷疑織原城二在打電話報警的時候，露西已經漸漸失去了生命跡象，織原城二發現露西死了，所以就匆匆結束結束了通話。

2008年12月17日，織原城二在東京高級法院接受審判。法官認為檢方所提供的證物都是間接證據，無法直接證明織原城二就是殺害露西的兇手，但織原城二明顯對露西的屍體進行了損毀和遺棄，因此維持終身監禁的原判。織原城

愛找外國女子下手的富二代—織原城二

二繼續提起上訴。在 2010 年，日本最高法院作出了最終判決，維持了之前的判決結果。隨後，織原城二被送往東京的小菅監獄中服刑。

1952 年，織原城二出生於大阪，原名金聖鐘，父母均是韓國移民。織原城二的父親起初只是一名計程車司機，還是韓國黑社會團體在大阪的一員，經常去收保護費。由於家境貧寒，織原城二的童年過得十分艱辛。

後來，織原城二的父親藉助黑社會勢力搶占了一片空地，這片空地在第二次世界大戰中遭受空襲後就成了一片荒蕪之地。隨著土地的升值，織原城二的父親一下子變成了富豪，織原城二的生活也因此得到極大的改善，他被父親送到私立小學就讀，之後順利進入私立中學、慶應大學附屬高中，未來一片大好。

1969 年，17 歲的織原城二經歷了一場巨大的變故，他的父親突遭慘死，被人捆綁住雙手雙腳後扔到海裡，後來屍體在香港維多利亞港被人發現，據說他的父親當時捲入了黑幫的一場陰謀中才慘遭毒手。父親死後，織原城二繼承了價值 1 億美元的遺產。

之後織原城二就不再和韓國親屬們聯絡，還去整形外科醫院進行了手術。高中畢業後，織原城二進入慶應大學就讀，並加入了日本國籍，將金聖鐘改為織原城二。從 1973 年

起，織原城二就開始了奢靡的生活，除了購房和買豪車外，織原城二還熱衷於賭博和到東京高級俱樂部消費，尤其愛去白人女子陪酒的上等酒吧，甚至還以投資電影的方式追星。在陪酒女中間，織原城二是個很受歡迎的客人，他不僅年輕英俊、多金，還十分溫柔體貼，經常送禮物給陪酒女。

到了1980年代，父親遺留下的鉅額遺產被織原城二揮霍了一半多，他開始想辦法賺錢，他用手中的錢購買了大量的東京周邊閒置土地。到了1990年代，這些土地開始變得值錢起來，價值將近4億美金。嘗到甜頭的織原城二繼續大量購入土地。在經濟危機來臨時，織原城二名下的土地開始大幅貶值，織原城二不僅賠光了所有的財產，還背上了將近1億美元的債務。

負債累累的織原城二還保持著原來的奢侈生活，為了維持這種生活，織原城二開始為黑社會團體洗錢。

1999年起，織原城二開始屢屢觸犯法律，因酒駕、在公廁偷拍女子、猥褻女子被警方拘留。其實織原城二經常誘騙一些陪酒女到自己的豪宅內，將其迷暈後進行性侵。只是織原城二從未因此受到指控，因為被害人都是陪酒女，而織原城二是個菁英階層的有錢人，如果她們指控織原城二性侵害，那麼最後極有可能會變成一場鬧劇。而且這些受害女子在遭受性侵的時候，都處於昏迷之中，清醒後對所遭受的一

愛找外國女子下手的富二代—織原城二

切都毫無印象。

卡麗塔和露西就是在織原城二的誘騙下來到了他的豪宅,但織原城二在下藥的時候沒有掌握好劑量,卡麗塔和露西因此昏迷不醒乃至死亡。卡麗塔當時是昏迷了兩天,等織原城二意識到對方有生命危險後才急忙將她扔到醫院門口,只是那個時候卡麗塔已經沒了生命跡象。

在露西遇害後,織原城二專門購入了大量的乾冰,將屍體冷藏起來,防止屍體腐爛產生氣味。之後,織原城二用電鋸對屍體進行了簡單的肢解,肢解成 8 塊。就在織原城二準備將屍塊放到鐵桶中、灌進水泥進行掩埋之際,公寓管理員突然前來察看煤氣洩漏警報器,織原城二只能罷手,並決定採取另一種處理屍體的方式,在深夜時分將屍體掩埋在海邊的洞穴內,之後為了避免引起懷疑,他從三浦市海邊的公寓搬了出去。

【缺陷人格】

織原城二與反社會人格者不同，反社會人格者在強姦和殺人時常常帶著仇恨，通常會帶有暴力傾向，例如虐待被害人，而且這種暴力傾向極有可能會更新為殺人。反社會人格者由於遭受過嚴重的情感挫折，例如從小被父母虐待，所以沒有正常人的情感，會為了滿足自己的性慾而輕易殺害無辜女性。織原城二在性侵被害人的時候，沒有選擇暴力的手段，他用麻醉劑將被害人迷暈，然後實施性侵。如果換作是反社會人格者，一定會採取暴力手段使對方屈服，會從強姦中獲得興奮感，對方痛苦、害怕的表情就是他想要看到的。

織原城二屬於缺陷人格，這是一種後天形成的人格障礙症，具有正常的情感。缺陷人格者通常在一個正常的家庭中長大，不論物質還是情感都不匱乏。而反社會人格者的童年通常飽受貧困、暴力的折磨。缺陷人格者之所以與正常人不同，是因為他所接受的物質和情感太多了，以至於形成了以自我為中心、任性衝動的行為習慣，具體表現就是唯我獨尊，認為所有的人都應該以他為中心、順從他的意願，因此缺陷人格者很容易出現各種違法行為，甚至是犯罪。

織原城二的父親突然之間暴富，從那以後他就過上了富

愛找外國女子下手的富二代—織原城二

裕的生活,他的父親會滿足他的一切要求。在 17 歲時,織原城二的父親突然去世,他得到了一筆鉅額遺產,他可以任意支配這些錢,用這些錢來滿足自己的任何欲望,於是他形成了唯我獨尊的認知,會為了滿足自己的欲望將陪酒女迷暈。在卡麗塔因服用過量麻醉劑死亡後,他不僅沒有悔改,而且繼續使用麻醉劑性侵陪酒女,最後導致了露西的死亡。在織原城二看來,這些女子就應該滿足他的性慾,他也從不認為自己的行為是在犯罪。

缺陷人格者在人生早期通常表現得很正常,和所有正常人一樣,能正常展開人際交往,情感反應也與正常人無異。但隨著年齡的增長,尤其是在青春期以後快要成年時,缺陷人格者的問題開始顯現,從而出現犯罪行為。織原城二在高中畢業前,沒有出現任何違法行為,但他後來便開始出現酒駕、猥褻女性等違法行為,最後出現了性侵、性侵致死的犯罪行為。

缺陷人格者在實施犯罪的時候,帶有機遇性的特點,他的目的只是獲得性滿足,沒有剝奪對方生命的想法。但缺陷人格者並非不會殺人,如果在特定的情境下,缺陷人格者就會出現殺人行為。織原城二的目的只是將女子迷暈後實施性侵,從而達到征服女人的目的。但在對卡麗塔和露西下藥時,劑量過大導致了對方死亡。

勤勤懇懇的老實人
——蘇林德·庫里

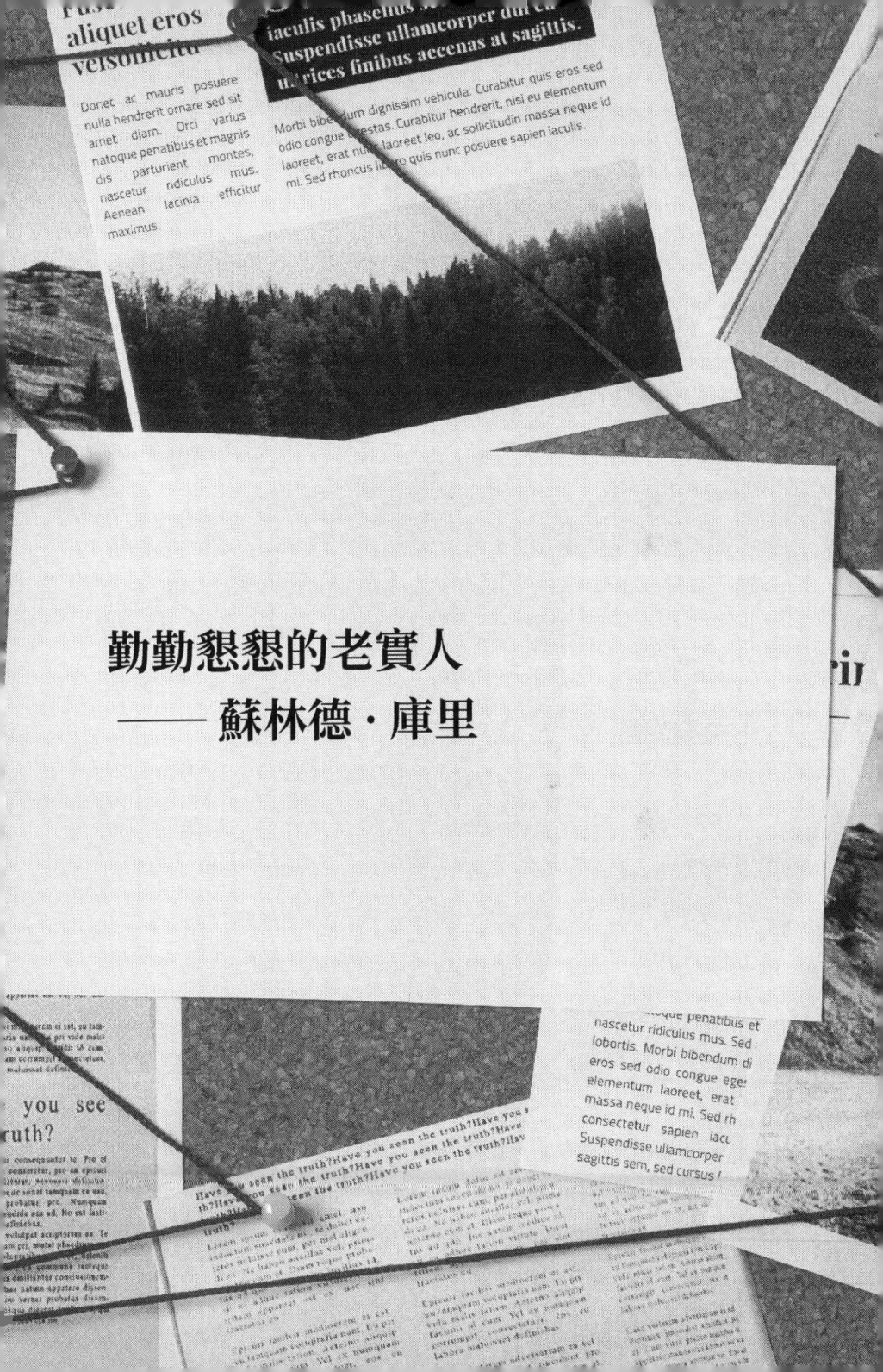

■ 勤勤懇懇的老實人—蘇林德・庫里

從 2005 年起，印度新德里的尼薩里村莊開始頻發兒童失蹤案，由於失蹤兒童都屬於貧困階層，在印度被稱為「賤民」，因此警方並未重視起這一系列兒童失蹤案，到了 2006 年底失蹤人數已經達到 18 個。

一天，警方再次接到報案，一個名叫帕雅兒（Payal）的 20 歲女孩失蹤了，有目擊者告訴警方，帕雅兒在失蹤前曾走進諾伊達地區的 D5 號大宅，這座宅子的主人是個名叫莫寧德・辛格・潘德爾（Moninder Singh Pandher）的富商，他有個僕人，名叫蘇林德・庫里（Surinder Koli），專門照顧他的日常起居。莫寧德和庫里對警方說，他們從未見過帕雅兒，於是警方就放過了他們。

不久之後，警方再次接到報案，有人在排水管裡發現了人類的殘骸。由於尼薩里的公共設施排水管發生了爆裂，導致汙水流了出來。加上當時天氣炎熱，汙水裡散發出了令人難以忍受的惡臭，有人猜測可能有動物的屍體在汙水裡，就去察看了排水管，結果就發現了人體殘骸。警方趕到後，發現了更多的人體殘骸。

這些人體殘骸均屬於兒童，極有可能是失蹤兒童的屍體，於是警方再次找到莫寧德和庫里，並逮捕了兩人。很快，隨著消息的傳播，當地人都知道諾伊達地區出現了一個殺人魔，而且專找貧窮家庭的兒童下手，於是許多人開始

聚集在 D5 號大宅附近，他們不相信莫寧德這個富商是無辜的，甚至擔心警方會放過他，因為被殺害的兒童都來自賤民家庭。由於群眾暴動，這起案件引起了印度當局的注意和重視，於是該案件被移交給印度中央調查局。

警方在最初的調查中，初步推測二人是在進行非法人體器官交易，因為在印度存在一種黑暗交易，有一些地下診所會出價購買人體器官。但這種猜測很快被推翻，因為所有被害人的器官都被沖到下水道。後來警方又將兩名嫌疑人的犯罪行為歸結為兒童色情活動。

在最初的審訊中，警方將莫寧德作為主犯進行審訊，認為庫里最多只是協同作案。表面上看，莫寧德是個背景複雜的富商，經常在家中舉行性愛派對，會帶一些年輕女孩回家並與她們發生性關係。而庫里則簡單得多，他來自一個貧困的山村，在審訊中表現得唯唯諾諾，是個很聽話的僕人，對莫寧德唯命是從。為了證明莫寧德有罪，警方開始蒐集證據。

在蒐集證據的時候，警方發現莫寧德經常到澳洲出差，而且他的通話紀錄顯示案發時他還在國外，根本沒有作案的可能。這說明，這一系列命案都是庫里這個看起來老實誠懇的人所為。後來警方在 D5 號大宅的一樓浴室裡發現了大量的血跡，而這個浴室的使用者正是庫里。

勤勤懇懇的老實人──蘇林德・庫里

心理學家在給庫里使用了一些鬆弛劑後，庫里吐露了實情，他承認所有的人都是他殺死的，而且還交代了處理屍體的方式。庫里每次會用一些甜點、太妃糖、巧克力之類的東西引誘女孩，然後用女孩戴的頭巾將她勒死。在性侵過女孩的屍體後，他就會將屍體拖到樓上等待處理，趁著沒人的時候將屍體拖到自己所使用的浴室進行肢解，將肢解成一小塊一小塊的屍塊放進袋子裡，最後趁著清晨或深夜沒人時將屍體丟棄。後來庫里發現將屍塊扔到下水道裡是最安全的處理方式，從那以後他就開始往排水管中扔屍塊。在交代完所有的罪行後，庫里又變回了一個正常人，一個安靜、有禮貌和樂於助人的老實人。

庫里所殺害的兒童中，以女孩居多，也有一兩個男孩。庫里交代道，他是將男孩錯認成了女孩，當將男孩勒死後，他才發現對方是個男孩，他只好放棄性侵，在處理男孩的屍體時，庫里留下了男孩的心臟，將心臟煮熟後吃下。庫里除了殺人外，還食人，他會將被害人的部分屍體煮熟吃下。

在庫里被捕前，他從來沒有被警方懷疑過，倒是有遇害女孩的父母找上他，例如拉爾夫婦。拉爾夫婦在尼薩里開了一家洗衣店，專門為有錢人或中產階級洗熨衣服。他的女兒拉荷娜（Rachna Lal）只有9歲，會幫父母將洗好摺整齊的衣服送到顧客那裡。2005年的一天，拉荷娜像往常一樣出門送

衣服，卻沒像以前一樣回家。拉荷娜送衣服的那家顧客正好居住在 D5 號大宅街對面。

拉荷娜失蹤後，拉爾夫婦前往警局報案，但當地警方根本不在意，他們覺得拉荷娜只是離家出走了。拉爾很擔心女兒，就到處去打聽拉荷娜的下落，他來到了 D5 號大宅門前，還對開門的庫里說，希望庫里能提供拉荷娜的線索，他會支付 5 萬盧比作為報酬，還保證不會洩漏是庫里告訴他的。拉爾懷疑女兒被人拐賣到妓院了，在印度有許多年輕女孩都會被拐賣去進行性交易。庫里當時表示他根本沒有見過拉荷娜，並很快將話題轉移開。拉爾在尋找了 1 年 7 個月後，還是沒能找到拉荷娜的下落，只好放棄。當時，拉爾夫婦並未懷疑庫里，他們覺得庫里是個相當不起眼的人，在人群中根本不會引人注意，而且他的身材很瘦小，看起來只是個勤勤懇懇工作的人。

其實在拉荷娜失蹤前，拉爾一家所居住的小巷裡已經發生了兩起失蹤案，失蹤者都是和拉荷娜差不多大的女孩。在之後的兩年內，差不多每個月就會有一個兒童失蹤，也就是說庫里差不多一個月就要殺死一個兒童。

到 2006 年 5 月，已經有 10 個兒童被上報失蹤，但庫里從未被懷疑過，也沒有被警方傳訊。拉傑什在妹妹失蹤後，為了引起警方的重視，只好打電話給一名記者，他希望妹妹

勤勤懇懇的老實人—蘇林德・庫里

失蹤的消息被公開報導出去後，警方就會幫助他們尋找妹妹的下落。但警方卻只告訴他，他的妹妹並不是未成年，很可能是和一個男人私奔了。就是警方的這種不作為，導致庫里接連殺死了 19 個人，其中包括女孩、男孩和一些年輕女子。

2014 年，庫里被判處死刑。庫里很快提起了上訴，但印度總統拒絕寬恕他，維持了死刑的判決。2015 年 1 月，庫里被改判為終身監禁。

庫里出生於印度北部山村阿爾莫拉一個普通家庭。印度北部鄉村的狀況與新德里這樣的現代化城市相差極大，庫里在一個貧窮，沒有網路、電視的環境中長大，他所成長的環境十分落後和原始，村民們甚至還可能被老虎等野獸所傷。

在家鄉阿爾莫拉，庫里曾做過屠夫的工作，他會幫助父親宰殺動物，將動物剝皮並大卸八塊，把肉從骨頭上剔下來，然後將肉賣給其他人。正因為這段經歷，庫里掌握了切割的技巧，他將這種技巧運用到了殺人和肢解屍體中。

庫里是個很安靜、內向的人，不擅長讀書和社交，所參與的社交活動也很有限，他與家人之間的關係也不親近，從未從別人那裡得到過關心，而且幾乎沒有朋友。但這並不表示庫里是個瘋子，他看起來十分正常，和所有的普通人一樣。在達斯納監獄服刑期間，庫里曾接受過記者的採訪。庫里給記者留下了很普通的印象，在記者看來，他只是一個說

話輕聲細語、話很少的男人，不論記者問了他什麼問題，他的回答都只有寥寥數語。

13歲時，庫里離開了阿爾莫拉，搭乘火車來到了450公里外的繁華城市新德里。這裡與阿爾莫拉完全不同，是個現代化的都市，但庫里卻無法在這裡安身立命，因為他來自賤民階層，處於所有階層之下，只能從事最低賤的工作，人們都不願意和他打交道。

最終庫里在快速發展的諾伊達找到了一份僕人的工作，伺候莫寧德的日常起居，做一些打掃、做飯之類的事情。在這裡，庫里見識了一個完全不同的世界，莫寧德很愛玩，經常邀請一些政商菁英來家裡舉行性愛派對，還會帶一些年輕女孩回家，並與她們上床。庫里經常接觸強烈的性刺激，卻無法參與其中，這或許讓庫里有了變態的性需求。由於性變態的需求，使得庫里無法與同齡女性發生性關係，於是只能朝女孩下手。

莫寧德經常不在家，他會到海外出差，去澳洲、中國、加拿大、美國等地談生意，這給了庫里作案的機會。他雖然不是D5號大宅的主人，但卻掌握使用權。在莫寧德出差在外的時候，庫里可以在這棟房子裡任意做自己想做的事情，包括殺人和處理屍體。

琳帕‧哈達（Rimpa Haldar）是庫里殺死的第一個女孩，

■ 勤勤懇懇的老實人──蘇林德・庫里

他將琳帕引誘進 D5 號大宅後，就用頭巾將琳帕勒暈，他想趁著琳帕昏迷時與她發生性關係。由於性無能，庫里沒有成功，於是他殺了琳帕。

庫里會定期回家鄉阿爾莫拉看望妻子和孩子，他已經克服了性無能，有兩個孩子。但庫里從未對阿爾莫拉產生歸屬感，他覺得自己既不屬於貧窮的阿爾莫拉，也不屬於繁華的新德里，他經常會產生一種迷茫感。

■【基本社會化】

　　一個人從出生到成年,有相當長一段時間處於弱小、無知的狀態中,而這個階段恰恰很容易受到外界和他人的影響,這個階段被稱為基本社會化。在基本社會化的過程中,正確的教養方式十分重要,因為這個階段是一個人人格漸漸形成的過程,人格一旦形成,就具有穩定性,會對一個人的一生都產生影響。

　　庫里在阿爾莫拉這個貧困的山村成長到13歲,在周圍人看來,他就是個安靜的、樂於助人的老實人,不具有任何危險性。但庫里卻在幫助父親完成一項十分血腥、不適合兒童做的工作,他會替動物剝皮並把屍體切割成一塊一塊。這種工作對於一個成年人來說,或許不會產生什麼不良影響,畢竟一個成年人的人格已經趨於穩定,他的人格不會因此受到影響,從而朝著危險、犯罪的方向發展,但問題是當時的庫里還很年幼。

　　屠宰動物的這段經歷不僅讓庫里掌握了嫻熟的切割技術,還讓他對這種血腥的過程產生了一種漠然,甚至是麻木的情感。庫里在殺死琳帕後,居然產生了一種想要吃掉她的衝動,他顯然已經將琳帕的屍體看成是一頭等待切割的動

勤勤懇懇的老實人—蘇林德·庫里

物,於是他吃掉了琳帕的手臂,就好像吃下動物的肉一樣。

庫里在 13 歲時來到了新德里,並開始在莫寧德家裡擔任僕人。在這裡,庫里所看到的和接受的都是性刺激,這顯然也是一種不良影響,從而導致庫里產生了病態的性需求。這種性需求他無法從正常的兩性交往中獲得滿足,就只好引誘一個女孩到自己的房間,然後將她勒暈,就在這時庫里發現自己有性無能的問題,於是他殺死了她。

不論是受屠宰動物的影響,還是受莫寧德性愛派對的影響,對於庫里來說都是一個基本社會化的過程。他在這個過程中形成了變態的、犯罪的人格,當然他也受到了其他人的影響,還有內向、勤懇的一面。

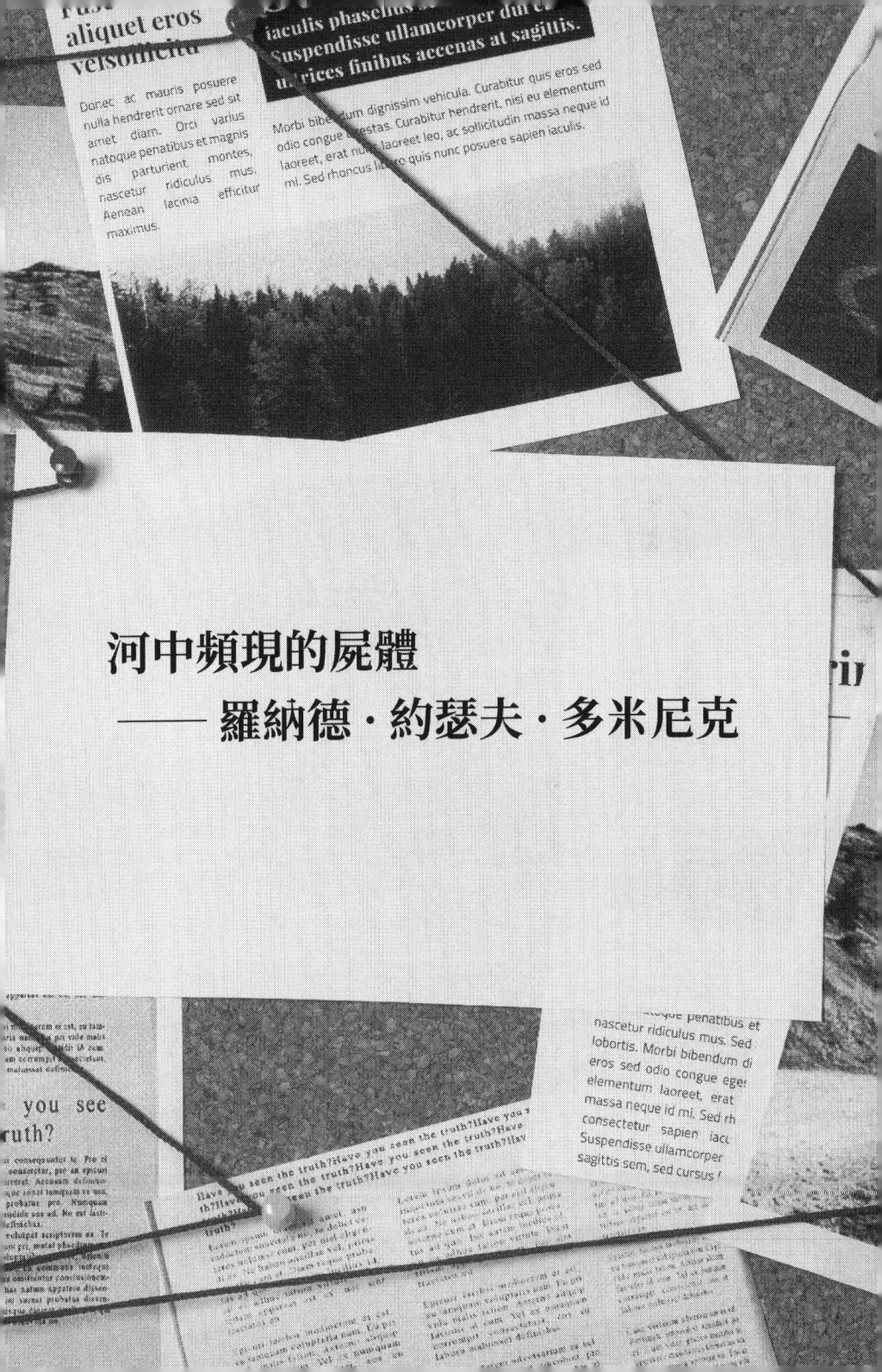

河中頻現的屍體
——羅納德·約瑟夫·多米尼克

河中頻現的屍體—羅納德·約瑟夫·多米尼克

2006 年 12 月，路易斯安那州的警方抓住了一名 42 歲的男子，他名叫羅納德·約瑟夫·多米尼克（Ronald Joseph Dominique），並在他的房車裡發現了一些謀殺案的 DNA 證據，DNA 證據顯示多米尼克至少與兩起謀殺案有關。最終，多米尼克向警方承認，自己在 1997～2005 年之間殺死了 23 人，被害人全是男性，年齡在 16～46 歲之間。之後，多米尼克開始交代自己何時、何地、如何殺死了這 23 名被害人。

多米尼克是個矮小、肥胖、謝頂的同性戀，當周圍的人知道他的同性戀傾向後只會嘲笑他、欺負他，為此多米尼克一直小心翼翼地隱藏著自己的性取向。

21 歲時，多米尼克終於鼓起勇氣打電話向心儀的男人告白，對方不僅沒有接受多米尼克的心意，反而臭罵了他一頓，說多米尼克在騷擾他。最後這個男人報警了，告多米尼克騷擾。當時沒有針對男性被騷擾的法律，所以這項控告不了了之了。

從那以後，多米尼克的脾氣變得暴躁了許多。只要有男人敢拒絕他、嘲笑他，一定會被他痛扁一頓，為此多米尼克頻繁出入警察局。

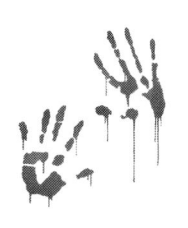

由於外表不占優勢，多米尼克只能透過花錢來找男人，他開始頻繁出入同性戀酒吧，找男妓來滿足自己的需求。由於多米尼克總會向男妓提出一些變態的要求，他在男妓中的口碑變得很差，沒有男妓願意接多米尼克的生意，就算有男妓願意，所提出的價格都會高許多。對此多米尼克並不在意，反正他也不缺錢。

　　1996年，32歲的多米尼克因涉嫌強姦一名流浪漢被警方逮捕，最終他被判處了3個月的監禁。3個月的監禁生活並未讓多米尼克改過自新，反而使他產生了一個可怕的想法。

　　監獄的生活十分艱辛，多米尼克很後悔被關進監獄，他認為這一切都是流浪漢的錯，如果他在強姦後殺死那個流浪漢，那他就不會被控告，也就不用在監獄裡受苦了。

　　3個月後，多米尼克出獄了，不久之後他就強姦並殺死了一個男人，被害人是一名19歲的男妓，名叫大衛‧米切爾（David Mitchell）。多米尼克將大衛騙到自己的房車上後，就用繩子將其綁住，然後開始虐待、折磨大衛。當他盡興後，用繩子勒死了大衛。大衛的屍體則被多米尼克隨意丟棄在路邊的小河裡。因為多米尼克很喜歡將屍體拋棄到小河裡，因此被媒體稱為「小河殺手」（The Bayou Strangler）。

　　半年後，又有一名男妓死在了多米尼克的手中，他是20歲的蓋瑞‧皮埃爾（Gary Pierre）。蓋瑞與大衛一樣都遭受了虐

河中頻現的屍體─羅納德・約瑟夫・多米尼克

待和折磨，不同的是蓋瑞是溺死的。警方發現蓋瑞的屍體後認為，蓋瑞應該是被打暈後，被凶手按在小河裡溺死的。

第三名被害人是個38歲的流浪漢，名叫賴瑞·蘭森（Larry Ranson）。當時多米尼克主動提出花錢買賴瑞一夜，卻被賴瑞拒絕了。隨後，多米尼克提高了價格，並說自己是為了幫妻子找刺激。賴瑞被說動了，就上了多米尼克的房車。最後賴瑞被殺死，他的屍體也被丟棄在小河裡。

在之後的8年內，當地先後出現了23起類似的凶殺案，被害人大多是男妓和流浪漢，也有幾個是喜歡泡酒吧的男客人，他們的手腳都被捆綁住，並以同樣的方式被殺害。警方不得不懷疑這23起命案是同一人所為，直到多米尼克被捕後，警方的這種猜測才得到了證實。

多米尼克的被捕可以說是一場意外。當時一個男人剛剛獲得假釋，他遇到了多米尼克，多米尼克提出了買春的要求，並給出了一個不錯的價格，男人當時很缺錢就答應了。上了房車後，多米尼克就像往常一樣從背後進行襲擊，但這個男人當時正好轉身，巧妙地躲過了多米尼克的襲擊。當時男人被嚇住了，趕緊逃出了房車，跌跌撞撞地到警察局報案。

警方在了解了基本情況後立刻派人去抓捕多米尼克，當多米尼克被捕的時候，他正好待在自己的房車內。隨後，

警方對多米尼克的房車進行了搜查，發現了兩名被害人的DNA。這項發現成了警方偵破連環殺手案的重大轉機。

　　在接受審判之前，多米尼克被暫時關押在泰勒博恩區的監獄裡。檢察官辦公室希望法庭能判處多米尼克死刑。2006年12月4日，多米尼克被控涉嫌9起謀殺案，他將面臨11項謀殺指控，其中10項為一級謀殺，1項為二級謀殺。

　　2008年9月，多米尼克被判處8個終身監禁，他的餘生都要在監獄裡度過了。

　　當多米尼克的罪行被曝光後，他的鄰居和朋友們都十分震驚，在他們看來多米尼克是個非常和善的男人，是萬萬不可能犯下殺人罪的。那些曾在多米尼克家中住過的人紛紛感到後怕不已。

■ 河中頻現的屍體──羅納德・約瑟夫・多米尼克

■【監獄的功能】

　　監獄在人類社會中是必不可少的存在，監獄的功能主要有四個。第一個功能是威懾，由於監獄的存在，人們不得不遵守法律，不然就會被強行剝奪自由；第二個功能是懲罰，對於一些觸犯法律的人來說，就必須剝奪他們的人身自由以示懲罰；第三個功能是隔離，將罪犯關進監獄，就是將他們與守法公民隔離開來，例如多米尼克，如果放任他到社會上，只會有更多的人受到傷害；第四個功能是矯治，提供罪犯改過自新的機會。

　　監獄的確能提供許多罪犯改過自新的機會，很多罪犯會在監獄裡對自己所犯下的罪行進行反思，努力提升自我，例如學習很多的技能，或者攻讀學位等，這些都可以幫助他們未來走向社會，更好地生活。但總有些罪犯會總結出歪理，將過錯推到被害人身上，例如多米尼克。

　　多米尼克因強姦罪被判入獄，在監獄裡他開始思考自己為什麼會在監獄這個鬼地方受苦。最終他想明白了，他會入獄完全是因為留了流浪漢一條命。於是在出獄後，多米尼克開始殺死那些遭到他強姦的男人。

對於像多米尼克這樣的罪犯來說，監獄之所以無法讓他改過自新，是因為他的思維從來沒有發生過改變。在監獄裡，多米尼克沒有認識到自己觸犯了法律，他一直在想如何規避違法的風險，他找到了一個自認為不錯的辦法，即滅口。出獄後他也的確這樣做了。多米尼克的屢次得手強化了他的這種想法，讓他認為滅口是個好辦法，畢竟在長達 8 年的時間裡，他都沒有被警察抓住。

不少罪犯都十分擅長從犯罪經歷中吸取經驗教訓，他們會從中學習，避免被警方抓住。監獄是個很好的學習犯罪技術的地方，既有充足的時間，又可以向其他罪犯借鑑。那些對犯罪充滿了渴望的罪犯，一旦走出監獄就會立刻犯罪，他們甚至會在服刑期間就開始策劃走出監獄後的犯罪活動。

■ 河中頻現的屍體─羅納德・約瑟夫・多米尼克

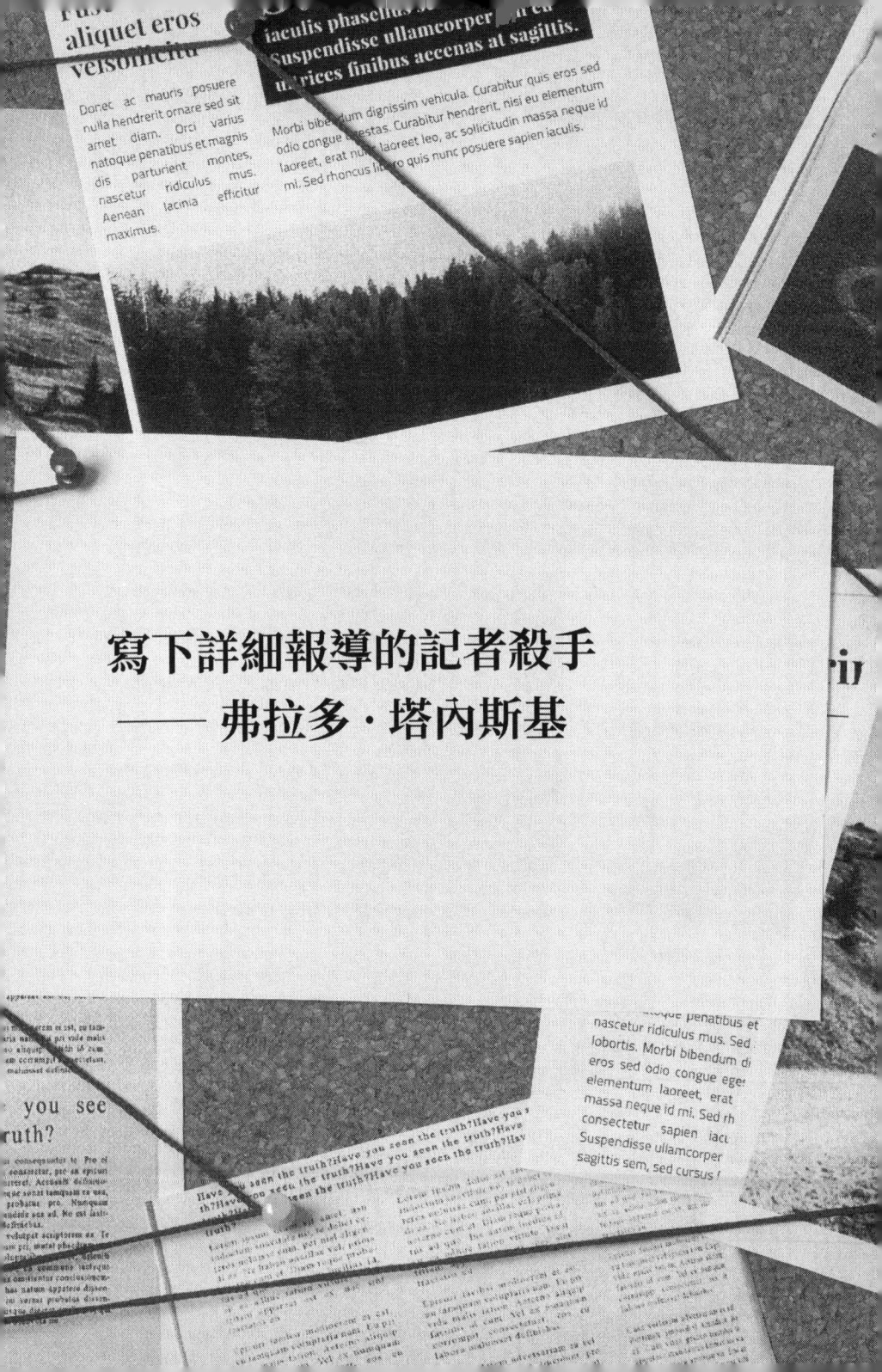

寫下詳細報導的記者殺手
—— 弗拉多・塔內斯基

寫下詳細報導的記者殺手——弗拉多・塔內斯基

2008 年 6 月 24 日清晨，一名殺死 3 名老婦的犯罪嫌疑人弗拉多・塔內斯基（Vlado Taneski）被獄警發現死在了關押他的監獄裡，塔內斯基的屍體被發現時正跪在地上，他的頭部朝下趴在水池裡。警方透過調查發現，塔內斯基死於窒息，是自殺。由於犯罪嫌疑人突然死亡，警方的調查工作被迫中斷。

2005 年，在歐洲小國馬其頓的柯希沃城發生了一起命案，有人在垃圾堆裡發現了一名老婦的屍體，屍體被包裹在一堆塑膠之中，全身赤裸、脖子上有明顯的勒痕、身上有多處瘀青。死者是米特拉・西姆賈諾斯卡（Mitra Simjanoska），61 歲。屍檢結果顯示，米特拉的身體上出現多處骨折，而且體內還有精液。這是一起十分惡劣的謀殺案，在馬其頓引起了不小的轟動。

警方在尋找凶手的時候，把搜尋範圍鎖定在了老光棍身上，警方認為被害人米特拉生活貧困且沒有什麼仇人，而且遭受了性侵，很難想像什麼人會對一名 61 歲的老人實施性侵。因此警方認為凶手一定是個性慾十分強烈的老光棍。但是警方並未篩查到合適的嫌疑人。

2007 年 2 月，又出現了一起老婦遇害案，死者是 56 歲的柳比嘉・利科斯卡（Ljubica Licoska）。柳比嘉的屍體上有許多瘀青、勒痕和銳器所造成的傷口。此外屍檢結果顯示，柳

比嘉的腹部有硬物，很顯然凶手是在羞辱死者。

2008年5月，第三起老婦遇害案發生了，死者是65歲的日瓦娜·塔梅克斯卡（Zivana Temelkoska），她的死狀與前兩個被害人十分相似，這讓警方開始懷疑這3起謀殺案是同一個凶手所為。而且警方透過調查發現，3名被害人的身分十分相像，經濟狀況不好，都在醫院裡當清潔工。此外，警方還聯想到了2003年發生的一起失蹤案，失蹤者是一名79歲的老婦，名叫高莉佳·帕夫萊斯卡（Gorica Pavleska），與這3名被害人的狀況非常相似。警方開始懷疑，高莉佳很可能已經被害了，只是她的屍體可能只有凶手才知道在哪裡。警方意識到凶手是一個連環殺人狂魔，而且專找老婦下手，只是茫茫人海，該去哪裡尋找凶手呢？很快，凶手主動送來了線索給警方。

在《新馬其頓報》的社會版上刊登了一篇頭版文章，這篇文章是有關最近發生的3起老婦遇害案的。一份報紙刊登當地所發生的轟動性命案並不是稀奇事，但這篇文章的奇特之處在於，向讀者講述了許多案件細節，就連勒死被害人的電話線型號都被寫了出來，最關鍵的是，這些細節的描寫都是正確的。

在一起刑事案件沒有破獲之前，案件細節一般只有警方才知道，警方不會輕易向社會公開案件的細節。有時候即使

寫下詳細報導的記者殺手—弗拉多・塔內斯基

犯罪嫌疑人被抓捕了,在進行開庭審理之前,警方也不會公開案件細節。

警方之所以如此重視案件細節的保密工作,並不是為了故弄玄虛,也不是為了包庇某個人,只是因為沒有定案的刑事案件,所有的偵查資訊都得保密。這樣做一方面為了防止瘋子主動認罪,實際上凶手並不是他;另一方面案件細節可以作為指控犯罪嫌疑人的證據。例如:一個人如果是犯罪嫌疑人,並交代出了一個沒有公開的案件細節,例如屍體的擺放姿勢,那麼他是凶手的可能性就會非常大。

在《新馬其頓報》上所刊登的這篇文章中,雖然寫這篇文章的記者表示他只是在推測這3起謀殺案,但他所揭露出的細節都是警方未曾向外界公開的,那麼他是如何知道的呢?只有一種合理的解釋,即他就是凶手。於是寫這篇文章的記者塔內斯基成了主要的嫌疑人。

塔內斯基在《新馬其頓報》報社工作了20多年,在當地頗有名氣。在2005年的米特拉遇害案中,警方曾誤抓過兩個人,當時塔內斯基還去參加了這兩名代罪羔羊的庭審,還專程為他們寫了一篇報導。那以後不久,塔內斯基就離開了《新馬其頓報》報社,跳槽到另一家報社工作,並在2008年1月辭職。

警方找到了塔內斯基。塔內斯基否認這3起老婦遇害案

與自己有關，他向警方表示自己只是在行使作為一名記者的新聞報導權。塔內斯基這種堅決否認的態度讓警方產生了動搖，畢竟塔內斯基是個口碑不錯的記者，如果警方誤抓了塔內斯基，那麼社會輿論一定會給警方帶來不利的影響。

隨著調查的深入，警方發現了一條十分有價值的線索，即3名遇害的老婦都與塔內斯基的母親認識，在警方看來這當然不可能是個巧合。於是塔內斯基被警方傳訊，警方從塔內斯基那裡得到了他的DNA樣本。警方將塔內斯基的DNA與被害人體內提取到的精液DNA進行了比對，比對結果顯示，精液屬於塔內斯基，這說明塔內斯基就是製造這起老婦連環凶殺案的凶手。

6月22日下午，警方在塔內斯基的住所將其逮捕。在隨後的搜查工作中，警方在塔內斯基的住所內發現了大量的色情錄影帶和照片。

在接受警方審問的過程中，塔內斯基拒絕承認任何一起謀殺案、拒絕律師援助，他只提出了一個要求，要和前妻見面。後來塔內斯基就在囚室裡自殺了，儘管警方的調查工作不得不終止，但DNA比對結果絕對可以證明塔內斯基就是製造3起老婦凶手案的凶手。

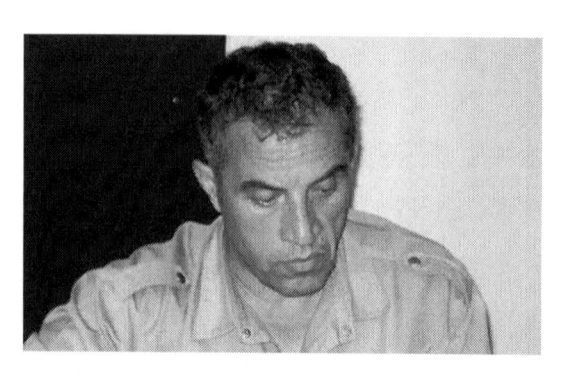

■ 寫下詳細報導的記者殺手──弗拉多・塔內斯基

當馬其頓的民眾得知塔內斯基就是那個連環殺人狂魔後十分震驚，警方表示這是馬其頓歷史上影響最惡劣的案件。凡是認識塔內斯基的人都不相信他會做出這樣的事情來。塔內斯基曾有過一段婚姻，有兩個孩子，不過這段婚姻最後以離婚收場。

塔內斯基的前妻在接受電視臺的採訪時表示，塔內斯基並不是一個凶殘的人，相反他在日常生活中是個很安靜、很紳士的人，很少會生氣。但當塔內斯基與父母見面時就好像變了一個人一樣，他經常會忍不住大發雷霆。

被害人的親屬得知塔內斯基就是凶手時，既震驚又憤怒。被害人伊凡娜的兒子曾在母親遇害後不久見過塔內斯基，當時塔內斯基以記者的身分詢問了許多問題，有些問題太過私密，伊凡娜的兒子就沒有回答他。當時，伊凡娜的兒子怎麼也想不到塔內斯基就是殺害他母親的凶手。

柳比嘉的妹妹在得知塔內斯基就是凶手時同樣十分震驚，之前塔內斯基還曾向她要過姐姐柳比嘉的照片。

【糟糕的母子關係造就的變態殺手】

雖然科學可以證明塔內斯基就是凶手，卻無法驗證塔內斯基的犯罪動機。塔內斯基為什麼要用如此殘忍的手段殺害那些老婦？甚至還要對老婦進行性侵害呢？在 3 名遇害老婦中，她們有一個共同的特點，即她們與塔內斯基的母親十分相似，而塔內斯基與母親的關係非常糟糕。

在塔內斯基很小的時候，他的父母就離婚了。父母離婚後，塔內斯基與父親一起生活。塔內斯基與繼母的關係也很糟糕，他的父親在 1990 年自殺後，他與繼母就不再聯絡了。

塔內斯基的母親在醫院裡做清潔工，私生活十分混亂，同時與好幾個男人保持著情人的關係，他經常因為此事與母親發生爭吵，甚至威脅要與母親斷絕母子關係。這 3 名被害老婦也都是醫院裡的清潔工，而且同樣私生活混亂，或許正是因為對母親的憎恨，塔內斯基才會犯下如此殘忍的罪行。

母親在一個人的成長過程中扮演著十分重要的角色。美國著名心理學家哈利・哈洛（Harry F. Harlow）用他的恆河猴實驗揭示了「有奶就是娘」這個觀點的錯誤。對於恆河猴這種群居動物而言，即使幼猴得到了實驗者的科學餵養，但沒有母親的陪伴，牠們也不會健康成長，牠們的身體很容易

寫下詳細報導的記者殺手—弗拉多・塔內斯基

生病,而且長大後很難融入猴群之中,會表現出退縮和攻擊性。這個實驗結果同樣適用於人類,對於一個人而言,在幼年時期與母親形成健康、安全的依戀關係會直接影響他以後人生中社會關係的品質。

如果一個人與母親的關係冷漠,甚至上升到了仇恨的地步,那麼他就無法與人產生共情,很容易陷入強烈的焦慮和憤怒之中,從而導致暴力行為的出現。

雖然與母親糟糕的關係可能會成為一個人走上犯罪道路的風險因素,但並不是主要因素。也就是說,憎恨母親與反社會犯罪行為之間並不具備必然的因果關聯。塔內斯基不能因為與母親的關係糟糕,或是憎恨母親私生活混亂,就有理由犯下如此殘忍的罪行。

王牌上校的雙面人生
—— 羅素・威廉斯

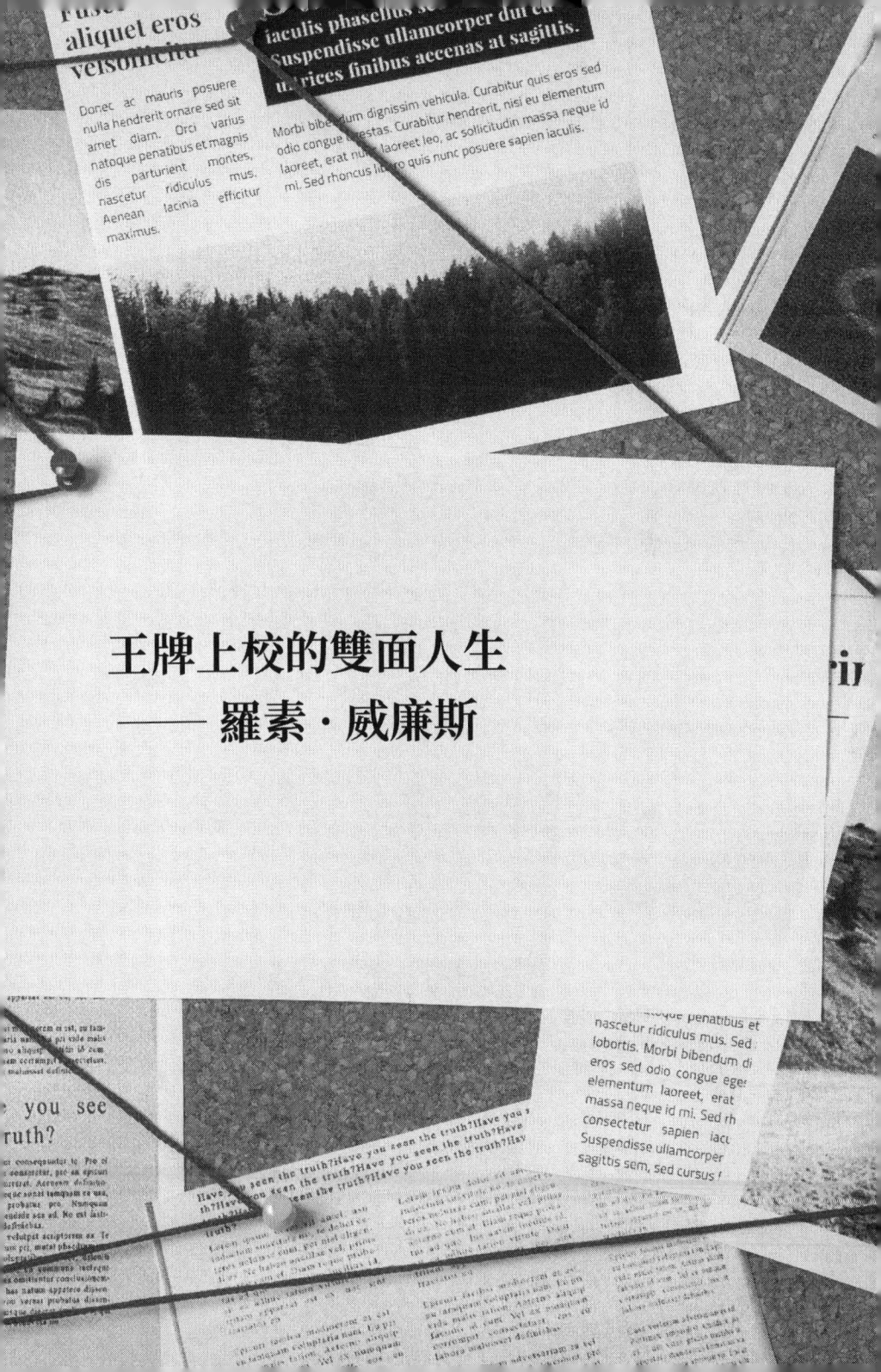

■ 王牌上校的雙面人生—羅素‧威廉斯

在電影《軍官謀殺犯》中，男主角羅素‧威廉斯（David Russell Williams）上校與妻子生活在特威德小鎮，他們是一對令人豔羨的完美夫妻組合，威廉斯是加拿大最大空軍基地的指揮官，年輕有為，聲名顯赫，妻子是國家慈善機構的主管。本來特威德小鎮的生活十分平靜，但隨著一系列怪異性侵案和謀殺案的出現，特威德小鎮再也無法維持往日的寧靜，警察局還成立了專案小組，專門調查這一系列案件，隨著調查的深入，真凶漸漸浮出水面。結果令人震驚，凶手竟然是基地指揮官羅素‧威廉斯上校，一個誰也沒想到的人。

這部電影是根據真實事件改編的，加拿大王牌上校羅素‧威廉斯曾是加拿大軍隊特倫頓基地的指揮官，該基地是加拿大國內外航空運輸中心，同時還是加拿大最大、最繁忙的空軍基地。羅素曾是加拿大軍人的驕傲，是一名授勳的軍隊飛行員，曾經為伊莉莎白女王二世和菲利普親王、總督、總理等加拿大政要駕駛過加拿大軍隊貴賓飛機。

2010年2月4日，羅素進入警方視線。2010年1月28日，27歲的潔西卡‧勞埃德（Jessica Lloyd）失蹤了。警方接到報案後在潔西卡住所附近的雪地上發現了明顯的輪胎痕跡。隨後警方對潔西卡住所附近高速公路上過往的汽車展開了比對調查，結果發現羅素所駕駛汽車的輪胎痕跡與涉案車輛相吻合。

2010年2月7日，羅素在渥太華警察總部接受了審訊，在整個過程中，羅素承認了自己所犯下的罪行，他綁架、強姦並殺害了潔西卡。不只如此，羅素還交代了另一起虐殺罪行，另外包括多起性侵和入室盜竊。羅素還對警方坦白說，在渥太華的一處住所隱藏著許多罪證，那是他收藏的紀念品，他在性侵被害人時很喜歡拍照。

根據羅素的交代，在2010年1月28日晚上，潔西卡被他綁架。隨後羅素將潔西卡帶到了自己在特威德的小屋。之後的幾天，潔西卡遭受了非人的性侵和折磨，最後羅素用強力膠帶封住潔西卡的口鼻殺死了她。整個過程被羅素拍攝下來並製成影片，在他看來這是性愛錄影帶，可供以後觀看。在羅素被逮捕後，這段影片成了有力的證據。在影片中，潔西卡為了能活下來，一直屈服於羅素的所有性變態指令，當她意識到自己難逃毒手時，向羅素哀求道：「如果我死了，你能讓我的母親知道我愛她嗎？」這句話顯然沒有觸動羅素，潔西卡還是被羅素殘忍地殺害了。

■ 王牌上校的雙面人生—羅素・威廉斯

根據羅素的交代,另一個死在他手中的被害人名叫瑪麗・法蘭斯・科莫（Marie France Comeau）,是一名38歲的下士。科莫和羅素在某次軍事飛行途中認識,當時科莫並不知道羅素陰暗的一面,甚至還將其視作自己的偶像。從2008年5月起,科莫的噩夢就開始了,羅素曾多次強行進入她的住所,她遭受了多次毒打和粗暴性侵,她以為只要自己忍受下來就可以了,但羅素卻起了殺心,他不顧科莫的苦苦哀求,用強力膠帶封住科莫的口鼻,直到科莫窒息而死。羅素將性侵和殺害科莫的過程拍攝成影片。當時不論是警方還是科莫的家人都未將科莫的死與羅素連繫起來,羅素偽裝得很好,甚至還寫了一封慰問信給科莫的父親,在信中羅素虛情假意地安慰科莫的父親。

除了殺害科莫、潔西卡兩名女性外,羅素還涉嫌多起入室強姦案和入室盜竊案。其中一名被害人是個21歲的單親媽媽,她在遭受羅素迫害的時候,雙手被繩子捆住、眼睛被矇住,羅素強行與她發生了性關係並拍照。

據兩名女性反映,她們的住所曾連續幾天被盜,丟失的並非值錢的物品,而是女士內衣內褲,其中一名被害人的電腦上有羅素的留言,威脅她不准報警。在羅素被捕後,警方在他的住所發現了大量的女性內衣內褲,其中還有一些羅素身著女性內衣內褲的照片。在羅素被捕之前,當地發生的多起女性內衣內褲被盜案一直困擾著警方,他一般會選擇從窗

戶進入被害人住所，有時也會採取撬鎖破門而入的方式。

　　羅素出生於英格蘭，在加拿大長大，在他很小的時候父母就離婚了，因為母親有了新歡，從那以後羅素就和弟弟與母親、繼父生活在一起。由於繼父因工作需求前往韓國，羅素曾在韓國生活過一段時間，在那裡他受到韓國孩子的嘲笑。後來，一家人回到了多倫多，母親將羅素和他的弟弟送到一所寄宿制的高中讀書。

　　據羅素的室友回憶，羅素並不是一個合群的人，他每天都很嚴肅和沉默，不會融入男孩們的玩笑中。處於青春期的男孩私下裡總喜歡討論一些和女孩有關的話題，羅素從來不會參與其中，他總是獨自聽歌。與許多男孩髒亂的個人生活環境不同，羅素十分講究整潔，他會將自己的衣服整齊地疊好，與亂糟糟的室友形成鮮明的對比。在羅素的室友看來，羅素是個沒有任何社交技巧的人，即使想和羅素進行十分簡單的交談，都變得非常困難。

　　進入大學後，羅素開始變得有些霸道。當室友們還在為適應新的環境暈頭轉向的時候，羅素就宣布了一些需要大家共同遵守的規定，例如如何輪流完成羅素分配給每個室友的工作，包括某個星期誰負責買菜等。由於羅素十分看重房間的整潔，他除了會讓自己保持整潔外，還會說服室友，例如讓室友進入房間前脫鞋並換上拖鞋。雖然羅素不像在寄宿高中時那樣令人

反感，但他依舊是個離群索居的人，從來不會參加聚會。

傑夫是羅素在大學期間關係不錯的一個室友，在傑夫看來羅素是個強迫症患者，儘管他不知道羅素是否因此去看過醫生。在傑夫眼中，如果羅素不是強迫症，那麼就沒有誰能稱得上強迫症了。傑夫表示，羅素是個有點霸道的人，會讓人想要和他保持一定距離的人。或許這也是羅素很難融入周圍人之中的原因所在。

羅素非常喜歡搞些惡作劇，在他看來這些惡作劇就是一個人幽默的展現，但他的惡作劇卻給室友們帶來了許多驚嚇。起初羅素的惡作劇還是可以忍受的，例如將朋友準備的酒用水和醋替代、將可樂用醬油替代，或者在室友的鏡子上畫上裂痕，讓室友誤以為自己的鏡子破裂了。

可能是這些小打小鬧的惡作劇再也無法讓羅素體會到樂趣，他的惡作劇的性質開始更新，尤其在大學最後一年，他的惡作劇常常會嚇到室友。有一次，傑夫在進入自己的房間後，坐在書桌前開始讀書。差不多半個小時後，當傑夫將所有的注意力都集中在書本上時，羅素突然推開壁櫥的門，將傑夫嚇得魂飛魄散。原來，羅素早在傑夫之前就進入了傑夫的房間，並站在壁櫥裡等待傑夫。

在大學期間，羅素的一個室友的妹妹因骨癌去世了，當時羅素還經常去室友家中表示慰問和支持。

羅素很少在室友們面前提及自己的家庭生活，尤其是父母離婚的話題。有一次，室友們在提到父母離婚的話題時，羅素表現得很痛苦，他表示自己不想談及此事。從那以後，室友們就不再提及這個會令羅素痛苦的話題了。

　　在節假日期間，當同學們外出遊玩或回家的時候，羅素總會孤獨地待在校園裡。正因如此，羅素認識了一個來自日本的女學生，兩人很快發展成了情侶關係。在這段情侶關係中，羅素好像變了一個人，他不再霸道，總是對女友的要求唯命是從。不過在傑夫看來，那個日本女孩並不適合羅素，他們雖然是情侶，卻從未在公共場合有過身體上的接觸，而且那個日本女孩讀書很認真，基本上沒什麼空閒時間陪伴羅素。

　　在大學四年級的時候，女友主動向羅素提出了分手。這給羅素帶來了不小的打擊，羅素除了上課外，常常會將自己鎖在房間裡聽音樂，有一次，一個朋友聽到羅素在房間裡偷偷哭泣。

　　羅素也曾試圖努力挽回這段戀情，他送去了十幾朵玫瑰花給女友，卻被退了回來。這個日本女孩為了擺脫羅素的糾纏甚至還找到傑夫，她對傑夫說，希望傑夫能好好勸勸羅素，讓他停下來。對於羅素和這段戀情，日本女孩的態度很堅決，甚至拒絕提及羅素。

　　失戀後的羅素變得更加孤獨和封閉，他拒絕一切形式的

■ 王牌上校的雙面人生—羅素・威廉斯

約會，例如外出吃飯或跳舞。當傑夫勸羅素要多到外面走走時，都被羅素拒絕了，他認為那樣是沒有用的。直到四年後，羅素才有了新的女朋友瑪麗・伊莉莎白・哈里曼（Mary Elizabeth Harriman），瑪麗後來成為羅素的妻子。

在那段時間，羅素所在的大學經常發生一些襲擊和強姦案件，弄得人心惶惶的，晚上女生們為了保證自身的安全都會找男生護送。

大學畢業後，由於對飛行的興趣，羅素決定加入加拿大軍隊。此外羅素還向加拿大皇家騎警提出申請，他在經過了嚴格的背景調查和面試後，被錄取了，但羅素卻放棄了，他想要成為一名飛行員。在等待軍隊錄取期間，羅素有時會借用傑夫叔叔的塞斯納小型飛機在空中進行飛行練習。

不到一年的時間，羅素接到了電話，他收拾行李前往軍事基地接受基礎訓練。1990 年，羅素被派往加拿大軍隊飛行訓練學校擔任教練，並在一年後晉升為上尉。1999 年 11 月羅素晉升為少校。2004 年，羅素獲得了加拿大皇家軍事學院國防研究碩士學位。同年 6 月，羅素晉升為中校。

2005 年 12 月至 2006 年 5 月，羅素擔任了一支祕密後勤部隊的指揮官，為加拿大在阿富汗的軍事行動提供支持。2006 年 7 月 21 日，羅素被派往空軍需求局工作，他的上司是安格斯・瓦特中將。2009 年，在瓦特中將的推薦下，羅素

被提升為上校。

　　後來羅素成了加拿大軍隊特倫頓基地的指揮官，被視為軍方的菁英飛行員和閃亮明星。在所有人的心中，羅素是個十分理智、有序的優秀軍人，直到他的變態強姦殺人罪行被公開之後，人們才了解了這位王牌上校瘋狂、殘忍的一面。這在加拿大引起了震撼，軍方將他從部隊除名，並剝奪了羅素的軍銜和勳章，只是軍方無權剝奪羅素的軍餉。

　　2010年10月18日，加拿大安大略省貝爾維爾的高等法院開庭審理羅素所犯下的案件。羅素身著白色襯衫、黑色外套，戴著手銬出現在法庭上。被害人潔西卡的母親帶著女兒的畫像來到了法庭上，潔西卡的哥哥安迪（Andy）表示，羅素根本不需要道歉，他的致歉對於被害人家屬和被害人來說沒有任何意義，他們只想聽到羅素對所犯罪行的解釋，只想知道真相。一名曾遭受羅素性侵的被害人在法庭上表示，那段糟糕的性侵經歷一直是她的噩夢，她一直感到深深的恐懼並且有自殺的念頭。

　　檢察官羅伯特·莫里森（Robert Morrison）說，羅素的電腦中儲存了數千張可以證明他罪行的照片，他穿著自己偷來的內衣和內褲，躺在被害人的床上自慰。有張照片顯示，羅素穿著一個女孩的粉紅色內衣，莫里森暗示，羅素極有可能穿著那條粉紅色內褲去了他指揮的基地工作。這位雙面上校最終得到了應有的懲罰。

■ 王牌上校的雙面人生—羅素・威廉斯

■【戀物癖與犯罪】

　　羅素表現出了戀物癖的特徵。戀物癖屬於性偏好障礙，通常會出現在男性身上，具體表現就是需要透過某種非生命的物品來進行性喚起，如果失去這種非生命的物品或是無法想像該物品，那麼就無法產生性慾。例如一位迷戀女性鞋子的男士在結婚後，與妻子同房時，必須看見或想像女性鞋子才可以。

　　戀物癖患者的迷戀對象雖然都是無生命的，但與人體是密切相關的，例如女性內衣、絲襪、頭髮、鞋子等都是戀物癖患者經常選擇的對象。這些東西都是女性的貼身物品，很少有戀物癖患者會對石頭之類的東西產生興趣。

　　戀物癖被許多人看成一種變態行為，是備受歧視的，是應該接受治療的精神病。不過隨著社會價值觀變得越來越多元化，戀物癖也漸漸被人們所接受，但前提是必須保證戀物癖不會危害他人和社會。當然，同時也必須得到妻子的支持。

　　有些戀物癖患者覺得戀物癖很正常，但也有些戀物癖患者會為自己的這種習慣感到羞恥，但是他又無法擺脫戀物癖，常常會因此被沮喪和焦慮的情緒所籠罩。如果戀物癖的

患者產生了精神痛苦的問題，那麼就必須接受治療了。有些戀物癖患者對女性內衣非常鍾愛，但他卻不會自己花錢購買，而是選擇偷竊，只有這樣他才會覺得滿足。這樣一來，戀物癖患者就會面臨觸犯法律的問題，因為他的這種行為對他人造成了財產損失。

不少戀物癖都產生於青春期，青春期屬於性萌芽階段，雖然青少年對性知識一知半解，但是依然會有性衝動，這一點在男孩子身上表現得尤為明顯。在這個特殊的階段，男孩子很容易在好奇心的指引下開啟性這個潘朵拉的魔盒，會出現性異常。尤其是那些性格內向的男孩子，因為他們沒有正常的管道來滿足自己性方面的好奇心和性衝動。

戀物癖患者通常都是一些人際關係貧乏的人，而且性格內向。甚至有些男性已經成年，但由於人際關係的危機而產生戀物癖。羅素的高中和大學同學都表示，羅素不是一個擅長社交的人。羅素在大學期間，曾和一個日本女性建立了戀愛關係，但在女友提出分手後，羅素一直無法走出失戀的陰影，變得更加封閉和孤獨。

關於戀物癖的成因，主要有兩方面的解釋。一方面是生理的，該觀點認為戀物癖行為與下視丘中樞神經介質分泌失調有關；另一方面則是患者的個人經歷，通常起源於童年時期或青春期。

王牌上校的雙面人生—羅素・威廉斯

如果戀物癖的行為給患者帶來痛苦，而且還會讓患者惹上法律糾紛，那麼就不得不採取手段進行治療。戀物癖與異裝癖一樣，無法透過藥物治療，必須實施心理治療。

戀物癖也是一種強化的習慣，是患者透過反覆練習而養成的。因此，可以採用強制手段，讓患者養成另一種良好的習慣，但前提條件是必須改變患者的認知，讓患者意識到自己的這種行為是錯誤的。當然也可以透過厭惡療法來進行糾正，讓患者把戀物癖的習慣與痛苦的感受連繫在一起，從而達到治療的目的。

不過也有觀點認為，想要避免戀物癖的出現就必須從孩子童年時期做起，尤其是在孩子青春期的時候對其進行正確的性教育，既滿足孩子對異性的好奇心，也可以避免戀物癖、異裝癖這類異常性行為的出現。

本案中的羅素就像一個雙面人一樣，他過著雙重生活。一方面，羅素的個性中存在著理智、高度組織化的一面，這是羅素之所以能在軍隊中快速晉升的原因所在。提拔過羅素的瓦特中將對羅素的印象就不錯，在他看來羅素是個勤奮、能幹的年輕人，具有不錯的領導能力和技術水準，一定會在軍中取得不錯的成績。但當瓦特中將得知羅素所犯下的罪行，了解羅素瘋狂的一面後，他表示十分震驚，他像許多人一樣無法想像像羅素這樣一個身居領導層的高級別軍官會犯

下這樣殘忍的罪行。在瓦特中將看來，羅素將身邊的人都迷惑住了。事實上，羅素只是向瓦特中將等人展示了自己理智、冷靜的一面，而在被害人面前展現了瘋狂的一面，總之他是個冷靜與瘋狂並存的人。

羅素在被關押期間，曾進行絕食抗議並試圖自殺。他之所以決定認罪與妻子瑪麗有關。當羅素的罪行被曝光之後，瑪麗受到了重大的打擊，她將自己關在家中，不與親朋好友見面，也不接電話。當羅素了解了瑪麗的情況後就決定不再做垂死掙扎，他認為只要自己認罪，就可以盡量減輕對瑪麗的打擊，而且還能避免龐大的訴訟費用。這是一個十分冷靜而理智的決定，在陷入如此困境的情況下，羅素還能理智地判斷利害得失，從而做出最有利的決定，由此可見羅素是個非常冷靜的人，也表現出了他的雙面人特徵。

加拿大著名犯罪心理學家戈傑爾認為，羅素擁有一種雙面人生，他表面上是個成功的軍人，背後卻是一個強姦殺人犯，是個典型的心理病態者。其實像羅素這樣的心理病態者並不罕見，許多社會上的成功人士就像羅素一樣冷漠而瘋狂，並且十分擅長隱藏自己的性異常祕密。

心理病態者是一個非常特殊的族群，他們表面上看起來十分理智，是個精神健全的人，甚至還很有智慧，在周圍人看來是個十分迷人的人。但心理病態者的心理實際上是不健

王牌上校的雙面人生─羅素・威廉斯

全的,因為他們會做出一些瘋狂的、令人難以接受的事情,甚至會犯罪。這是因為心理病態者都是天生的道德殘疾者,他們的情感匱乏,普通人所擁有的羞恥感、內疚感和焦慮感等高級情感能力,他們都沒有,因此,心理病態者會理智而冷靜地做出一些對自己有利的決定,同時會以自我為中心,做出一些不計後果的瘋狂舉動。

國家圖書館出版品預行編目資料

這不是隨機的惡意,「目標型殺手」接近中:性慾倒錯 × 種族對立 × 價值感低落 × 性暴力謬論,想要建立完美的社會,卻差點毀掉整個產業!/ 凝視深淵 著. -- 第一版. -- 臺北市:樂律文化事業有限公司, 2024.09
面; 公分
POD 版
ISBN 978-626-7552-24-7(平裝)
1.CST: 罪犯 2.CST: 犯罪心理學 3.CST: 犯罪行為
548.5　　　113012695

電子書購買

爽讀 APP

臉書

這不是隨機的惡意,「目標型殺手」接近中:性慾倒錯 × 種族對立 × 價值感低落 × 性暴力謬論,想要建立完美的社會,卻差點毀掉整個產業!

作　　　者:凝視深淵
責 任 編 輯:高惠娟
發 行 人:黃振庭
出 版 者:樂律文化事業有限公司
發 行 者:崧博出版事業有限公司
E - m a i l:sonbookservice@gmail.com
粉 絲 頁:https://www.facebook.com/sonbookss/
網　　　址:https://sonbook.net/
地　　　址:台北市中正區重慶南路一段 61 號 8 樓
8F., No.61, Sec. 1, Chongqing S. Rd., Zhongzheng Dist., Taipei City 100, Taiwan
電　　　話:(02) 2370-3310　　傳　　真:(02) 2388-1990
律 師 顧 問:廣華律師事務所 張珮琦律師
定　　　價:375 元
發 行 日 期:2024 年 09 月第一版
◎本書以 POD 印製
Design Assets from Freepik.com